Regras do jogo

Principais conceitos | *Volume 1*

Blucher

Regras do jogo
Fundamentos do design de jogos

Principais conceitos | *Volume 1*

Katie Salen e Eric Zimmerman

design do livro e fotografia | Katie Salen

Título original
Rules of play: game design fundamentals
© 2004 Massachusetts Institute of Technology

Regras do jogo: fundamentos do design de jogos
Volume 1: Principais conceitos
© 2012 Editora Edgard Blücher Ltda.
4ª reimpressão – 2021

Tradução:
Edson Furmankiewicz

Revisão técnica:
Alan Richard da Luz

Blucher

Rua Pedroso Alvarenga, 1245, 4º andar
04531-934 – São Paulo – SP – Brasil
Tel.: 55 11 3078-5366
contato@blucher.com.br
www.blucher.com.br

Segundo o Novo Acordo Ortográfico, conforme 5. ed.
do *Vocabulário Ortográfico da Língua Portuguesa*,
Academia Brasileira de Letras, março de 2009.

É proibida a reprodução total ou parcial por quaisquer
meios, sem autorização escrita da Editora.

Todos os direitos reservados pela Editora Edgard Blücher Ltda.

FICHA CATALOGRÁFICA

Salen, Katie
  Regras do jogo: fundamentos do design de
jogos: principais conceitos: volume 1 / Katie Salen e
Eric Zimmerman; [tradução Edson Furmankiewicz]. –
São Paulo: Blucher, 2012.
  168 p.

  Título original: Rules of play: game design
fundamentals.

  Bibliografia.
  ISBN 978-85-212-0626-2

  1. Jogos por computador – Design 2. Jogos por
computador – Programação I. Zimmerman, Eric. II. Título.

12-00626   CDD-794.81526

Índices para catálogo sistemático:
1. Jogos por computador: Design   794.81526

Àqueles para os quais o jogo é feito. Mr. Triggs, Tom Ockerse, H.F., e ao meu pai; Enid, Gil, Laura e Zach em agradecimento e amor.

Obrigado aos muitos indivíduos que cederam seu tempo, conhecimento, apoio, amizade e ideias; aos designers e desenvolvedores de jogos que criaram o incrível corpo de trabalho que analisamos no decorrer de nosso estudo, incluindo Reiner Knizia, James Ernest, Kira Synder, Frank Lantz e Richard Garfield, que contribuíram fornecendo trabalho original para este volume; aos nossos destemidos leitores John Sharp, Frank Lantz, Henk van Assen, Ranjit Bhatnagar, Nancy Nowacek, Mark Owens, Peter Lee e Julian Kücklich; aos nossos próprios professores e alunos que ajudaram a inspirar clareza e criatividade; a Doug Sery e aos demais colaboradores do MIT Press e, principalmente, a nossas famílias e amigos, que esperaram pacientemente pela nossa presença no mundo real. Não poderíamos ter feito isso sem vocês.

Conteúdo

Volume 1: PRINCIPAIS CONCEITOS

	Apresentação	9
	Prefácio	13
	Prefácio à edição brasileira	17
1	Sobre esta obra	19
2	O processo de design	27
	Ensaio encomendado 1	*38*
3	Interação lúdica significativa	47
4	Design	55
5	Sistemas	65
6	Interatividade	73
7	Definindo jogos	87
8	Definindo jogos digitais	101
9	O círculo mágico	109
10	Os esquemas primários	117
	Jogo encomendado 1	*124*
	Conclusão	134
	APÊNDICE	
	Leituras e recursos adicionais	138
	Bibliografia	140
	Lista dos jogos citados	148
	Índice	163

Volume 2: REGRAS

11	Definindo regras
12	Regras em três níveis
13	As regras dos jogos digitais
14	Jogos como sistemas emergentes
15	Jogos como sistemas de incerteza
16	Jogos como sistemas de teoria da informação
17	Jogos como sistemas de informação
18	Jogos como sistemas cibernéticos
19	Jogos como sistemas da teoria dos jogos
20	Jogos como sistemas de conflitos
21	Quebrando as regras
	Jogo encomendado 2
	Conclusão

APÊNDICE

Leituras e recursos adicionais

Bibliografia

Lista dos jogos citados

Índice

Volume 3: INTERAÇÃO LÚDICA

22 Definindo interação lúdica

23 Jogos como experiência lúdica

24 Jogos como experiência do prazer

25 Jogos como interação lúdica de significados

26 Jogos como interação lúdica narrativa

27 Jogos como experiência da simulação

28 Jogos como experiência social

Jogo encomendado 3

Conclusão

APÊNDICE

Leituras e recursos adicionais

Bibliografia

Lista dos jogos citados

Índice

Volume 4: CULTURA

29 Definindo cultura

30 Jogos como retórica cultural

31 Jogos como cultura aberta

32 Jogos como resistência cultural

33 Jogos como ambiente cultural

Jogo encomendado 4

Conclusão

APÊNDICE

Leituras e recursos adicionais

Bibliografia

Lista dos jogos citados

Índice

APRESENTAÇÃO

Frank Lantz

Por centenas de anos, o campo do design de jogos tem se deixado levar pelo radar da cultura, produzindo obras de arte atemporais e magistrais desperdícios de tempo sem chamar muita atenção para si — sem, de fato, comportar-se como um verdadeiro "campo". De repente, impulsionado pelo *big bang* da tecnologia da computação, o design de jogos se tornou um grande negócio e fonte de algumas questões polêmicas sobre o futuro da arte e do entretenimento.

Ao abordar essas questões, a obra que você está segurando levanta algumas questões próprias. Aparentemente *Regras do jogo*, em seus quatro volumes, é calmo e razoável, dispondo cuidadosamente um amplo quadro teórico para a compreensão do campo do design de jogos. Mas, por trás dessa aparente calma, a obra realmente assume uma posição controversa em uma permanente e radical discussão sobre o que são os jogos e em que poderiam se tornar.

De fato, a partir de determinados ângulos, estes livros parecem ter a ardente impaciência de um manifesto. Qual é a natureza dessa impaciência? De certo modo é a frustração dos trabalhadores que são convidados a construir uma catedral usando apenas uma escova de dentes e um grampeador. Os jogos são bastante complexos, tanto em sua estrutura interna como nos diversos tipos de experiências de jogador que eles criam. Mas não existe nenhum conjunto integrado de ferramentas conceituais para refletir sobre os jogos. Até recentemente, se você fosse um designer de jogos interessado nos aspectos teóricos de seu campo, seria forçado a juntar uma série de perspectivas da sociologia, antropologia, psicologia e matemática, cada uma com sua visão tacanha, como o cego apalpando o elefante, e nenhuma considerando os jogos como um domínio criativo.

Mais recentemente, dentro do próprio campo surgiu uma Babel de metodologias concorrentes. A maioria tem um enfoque prático sobre as questões práticas do processo criativo do design de jogos; outras tentaram fundamentar suas ideias em um sistema teórico geral. Mas a impaciência que dá a estes livros seu tom de urgência subjacente é mais do que uma resposta ao nível subdesenvolvido do discurso nesse campo. Por que, afinal, o design de jogos precisa de uma referência teórica? Há algo mais do que *insight*, conhecimento e compreensão em jogo aqui.

Lembre-se de que os autores desta obra não são apenas acadêmicos examinando os jogos de fora; eles próprios são ativos praticantes. Como muitas pessoas que trabalham nesse campo, eles são movidos pelo sentimento de que, apesar do ritmo alucinante do recente progresso técnico e comercial, os jogos permaneceram criativamente atrofiados. Por um lado, há um enorme senso de capacidade, a possibilidade muito discutida de que os jogos poderiam substituir os filmes como forma de definir a cultura popular para o novo século. Por outro lado, existe a realidade das infinitas prateleiras de lojas de jogos com fantasias de poder adolescentes, personagens de cartoon estúpidos e simulações de esporte sem imaginação.

Para se ter uma ideia da noção do potencial que alimenta essa impaciência, considere os vastos tipos de experiência que os jogos podem produzir — redes complexas de desejo e prazer, ansiedade e alívio, curiosidade e conhecimento. Os jogos podem inspirar a mais alta forma de cognição cerebral e envolver a resposta física mais primitiva, muitas vezes simultaneamente. Os jogos podem ser puras abstrações formais ou empregar as mais ricas técnicas de representação possíveis. Os jogos são capazes de abordar os temas mais profundos da existência humana de uma maneira diferente de qualquer outra forma de comunicação — aberta, processual e colaborativa, pois podem ser infinitamente detalhados, apresentados com sofisticação e, não obstante, sempre sensíveis às escolhas e ações do jogador.

Mas onde estão os jogos que exploram essas diversas possibilidades? Em vez do rico espectro de prazeres que os jogos são capazes de fornecer, parece que estamos condenados a sofrer o constrangimento de conviver com variações de prazeres muito familiares, como correr e saltar, esconde-esconde e pega-pega, caça ao ovo de Páscoa, e polícia e ladrão. E o que aconteceu com a explosão de experimentação formal durante os primeiros dias dos jogos de computador? Por um tempo parecia que quase todo título era uma nova tentativa de responder à pergunta "O que se pode fazer com um computador?" Compare isso com a safra atual de jogos de computador, a maioria dos quais parece tentar responder à pergunta "O que você pode fazer enquanto controla um avatar circulando por um espaço tridimensional simulado?"

Isso então é o que está em jogo: uma enorme discrepância entre as possibilidades radicais contidas no meio e a realidade conservadora do desenvolvimento de jogos na grande indústria. E essa é razão por que *Regras do jogo* é mais do que uma análise conceitual do que os jogos fazem; é também um exame do que eles *podem* fazer e, por extensão, o que *deveriam* fazer.

Uma das implicações da abordagem de *Regras do jogo* do seu objeto de conhecimento é que a maneira correta de entender os jogos se dá a partir de uma perspectiva estética, da mesma forma que abordamos áreas como arquitetura, literatura ou cinema. Isso não deve ser confundido com o domínio da estética visual, que é simplesmente um aspecto do conteúdo criativo de um jogo. Como o cinema, que usa histórias dramáticas, composição visual, design de som e o complexo processo organizacional dinâmico de edição para a criação de uma única obra, o campo do design de jogos tem sua própria estética única.

Conforme estabelecido nas páginas dos quatro volumes, o domínio real do design de jogos é a estética de sistemas interativos. Mesmo antes de os computadores existirem, criar jogos significava criar sistemas dinâmicos para os jogadores habitarem. Todo jogo — do Pedra, Papel e Tesoura (ou joquempô) ao The Sims e além — é um espaço das possibilidades que os jogadores exploram. A definição desse espaço é o trabalho colaborativo do processo de design de jogos.

Regras do jogo talvez seja a primeira tentativa séria de estabelecer uma abordagem estética do design de sistemas interativos. No começo do século 21, os sistemas interativos nos cercam não apenas como a realidade material de nossas vidas, mas também como um modelo conceitual chave para a compreensão do mundo e nosso lugar nele, exatamente como os sistemas mecânicos foram para os vitorianos. Essa é uma razão pela qual a importância do projeto deste livro não deve ser subestimada.

Há uma perspectiva de oposição razoável ao que eu tenho imputado aos autores de *Regras do jogo*. É algo assim: toda essa conversa sobre estética cheira a pretensão e autoexaltação. Jogos são recreação, seu objetivo é nos divertir, e não devemos esperar que eles atinjam níveis profundos de expressão criativa ou forcem incansavelmente os limites criativos. Eles são simplesmente lazer.

Não há muito que se possa dizer contra esse argumento, exceto destacar que a cultura pop tem uma maneira surpreendente de se mover entre o trivial e o profundo. O inofensivo desperdício de tempo para uma pessoa pode ser uma tentativa de transcendência para outra — os jogos são certamente um dos melhores exemplos de como o entretenimento está longe de ser simples. Em todo caso, o próprio argumento dá forma ao tema deste debate. Se muitas pessoas acreditam que os jogos são para ser diversão estúpida, então é isso que eles se tornarão. Se um número suficiente de pessoas acredita que os jogos são capazes de grandes coisas, então eles inevitavelmente vão evoluir e se desenvolver.

Sabemos que os jogos estão ficando muito maiores, muito rápidos. Mas é cedo demais para dizer exatamente a direção que sua evolução irá tomar. Nessa fase, todo o campo tem a energia imprevisível de algo enorme, equilibrada sobre uma linha fina, ainda vulnerável aos efeitos até mesmo de uma leve pressão. Sob o pretexto de examinar esse curioso objeto, os autores de *Regras do jogo* lhe dão um impulso vigoroso.

Naturalmente, se você está segurando este livro, também está ajudando.

PREFÁCIO

As pessoas adoram o Pong.

Elas adoram mesmo. Mas por quê?

De verdade. O que há para adorar? Não há muito no jogo: um par de raquetes que são duas barras brancas, movem-se em ambos os lados de uma tela preta, e uma bola quica entre elas; se você errar a bola, seu adversário ganha um ponto. O primeiro jogador a fazer quinze pontos ganha. Grande coisa. Mas apesar de sua simplicidade quase primitiva, o Pong cria uma interação significativa (*meaningful play*).

Em anos de videogame, o Pong é da idade da pedra. Originalmente criado por Ralph Baer para o sistema de videogame doméstico Magnavox Odyssey, em 1972 o Pong foi projetado em uma máquina arcade e em um console doméstico por Nolan Bushnell, criador do Atari. Não é exagero dizer que o Pong tornou-se uma sensação da noite para o dia. O primeiro protótipo foi lançado para o público em um bar chamado Andy Capp's, em Sunnyvale, Califórnia, perto da sede da Atari. Segundo historiadores de jogos de computador, a primeira noite em que o brilhante monitor e o gabinete de TV foram instalados em um canto do bar, os clientes ficaram intrigados, mas confusos. As únicas instruções que apareciam eram: *Avoid missing ball for high score (Evite perder a bola para obter uma alta pontuação)*. Alguém familiarizado com as máquinas de pinball movidas a moedinhas de 25 centavos acabava introduzindo uma moeda e assistia a bola pular de um lado para outro enquanto os pontos eram contados. Depois de algumas tentativas, um dos jogadores finalmente batia com a raquete na bola e esta pulava com um convincente som de "pong". Isso era o suficiente para informar os jogadores o que fazer, e eles começavam a jogar. Até o final do primeiro jogo, ambos os jogadores já tinham aprendido a rebater a bola. No final da primeira noite, todos no bar já haviam tentado uma partida ou duas. Na manhã seguinte, formava-se uma fila fora do bar Andy Capp's: as pessoas mal podiam esperar para jogar o Pong.[1]

Ainda hoje, o Pong ainda está vivo e vai bem, obrigado. Você pode jogar Pong via emuladores e anúncios de banners da internet. Divertidas homenagens, como Battle Pong e Text Pong, prosperam na web. O Pong se destaca em mercados de segunda-mão de jogos clássicos e em convenções de fãs. Alguns anos atrás, a editora de jogos Infogrames lançou uma versão turbinada do Pong em 3D. Mais importante que isso é que ainda é divertido jogar o original. Quando o Super Pong Games IV no gameLab era ligado à TV, ele nunca deixava de reunir uma multidão.

Tudo isso nos remete à pergunta: Por quê? Por que as pessoas gostam tanto do Pong?

Embora esta não seja uma obra sobre Pong, ou jogos de computador e vídeo, é uma obra sobre design de jogos. É crucial para designers de jogos entender por que as pessoas jogam e por que alguns jogos são tão adorados. Por que as pessoas jogam Pong? Podemos pensar em muitas razões:

Ele é simples de jogar. As instruções on-line e o botão de interface intuitiva tornam o Pong acessível e fácil de entender. Não há recursos ocultos para destravar nem é preciso aprender movimentos especiais.

Cada partida é única. Como a bola pode viajar para qualquer lugar da tela, o Pong é um jogo ilimitado, com infinitas possibilidades. O Pong recompensa o jogador dedicado: é fácil de aprender, mas difícil de dominar.

É uma representação elegante. Acima de tudo, o Pong é uma representação de outro jogo: o tênis de mesa. A natureza abstrata do Pong, em que o seu avatar é reduzido a uma única linha branca, cria uma relação de imediata satisfação física e sensorial com o jogo.

É social. Requer dois jogadores. Brincando com o jogo, você interage com outro ser humano. O círculo social do Pong também se estende para além de dois jogadores: é um esporte de espectadores.

É divertido. Por mais simples que possa parecer, é realmente divertido interagir com o Pong. O prazer de jogar vem de diversos aspectos do jogo, desde o prazer da competição e vencer até a gratificante manipulação tátil do botão de controle.

Ele é legal. Como artefato cultural, o Pong é o jogo que melhor representa a atração pelos gráficos de baixa resolução dos clássicos jogos arcade. Ele evoca a nostalgia das tardes passadas na sala de estar com os amigos, reunidos em torno da TV jogando videogame, comendo pipoca e bebendo refrigerante.

As pessoas adoram Pong por todas essas razões e muitas mais. Os aspectos interativos, representacionais, sociais e culturais do Pong contribuem simultaneamente para a experiência do jogo. Os jogos são tão complexos quanto qualquer outra forma de artefato cultural; apreciá-los plenamente significa compreendê-los a partir de múltiplas perspectivas.

O Pong e os jogos de sua época fizeram algo revolucionário. Eles inverteram completamente a ideia da interatividade de uma única via da televisão, transformando espectadores em jogadores, permitindo que eles não só assistam a uma imagem, mas também *joguem* com ela. Essa comunicação eletrônica bidirecional envolvia jogadores em horas de significativa interação, alcançada pelo desenho de uma bola branca rebatendo de um lado a outro em uma tela preta simples. Embora o Pong fosse o produto de inovação técnica e de uma visão econômica única, ele também foi um ato de *design de jogos*.

Como designers de jogos, consideramos todas as implicações desse ato revolucionário? Será que realmente compreendemos o meio em que trabalhamos ou o campo do design a que pertencemos? Podemos articular o que de fato gera uma "interação significativa" em qualquer jogo, seja um videogame, um jogo de tabuleiro, palavras cruzadas ou uma competição atlética?

A verdade? Não ainda. Compare o design de jogos com outras formas de design, como a arquitetura ou o design gráfico. Por causa do seu status como disciplina emergente, o design de jogos ainda não se cristalizou como campo de investigação. Não tem uma seção própria na biblioteca ou livraria. Não é possível (com algumas exceções) graduar-se nesse campo. A cultura em geral ainda não considera os jogos como um empreendimento nobre, ou até mesmo particularmente útil. Os jogos são um dos mais antigos artefatos culturais para interatividade humana, mas por uma perspectiva do design, ainda não sabemos realmente o que são os jogos.

Nossa esperança é que esta obra informe e inspire as pessoas interessadas em desenhar jogos. Sua finalidade é ajudar designers de jogos a criar seus próprios jogos, seus próprios conceitos, suas próprias metodologias e estratégias de design. As ideias e exemplos que oferecemos representam um modo de olhar de perto os jogos, com espaço para mais no futuro. O Pong é apenas o começo.

É por isso que fomos obrigados a escrever esta obra: não definir, de uma vez por todas, o que é design de jogos, mas fornecer instrumentos importantes para entender jogos. Não para reivindicar e colonizar o terreno inexplorado do design de jogos, mas para investigar algumas das suas características para que outros designers de jogos possam embarcar em suas próprias expedições. Desejamos que esta obra seja um catalisador, um facilitador, um pontapé inicial. Considere esses conceitos e explore-os, rápida e significativamente, com o mesmo tipo de alegria que os jogadores do primeiro Pong devem ter sentido.

Estamos todos juntos nessa. Você está pronto para jogar?

Katie Salen e Eric Zimmerman, Nova York, maio de 2003

Notas

1. Scott Cohen, *Zap: The Rise and Fall of Atari* (New York: McGraw-Hill, 1984), p. 17.

PREFÁCIO À EDIÇÃO BRASILEIRA

Traz imensa felicidade para mim, designer gráfico e estudioso do design de jogos e dos videogames, fazer parte deste projeto: a tradução de uma das obras fundamentais em *game theory* e design de jogos. Zimmerman e Salen conseguem reunir as grandes questões do tema e falam em uma linguagem que tem alcance em larga escala. Construir um trabalho de peso como este, em um campo de estudo que sequer é uma unanimidade entre estudiosos (falo do design de jogos) requer fôlego e inteligência, paixão e ciência.

Os autores partem de uma abordagem clássica da teoria dos jogos, explicando a importância do jogo significativo, partindo para sua estrutura formal e pelo significado do que é o jogar, colocando então o jogo como objeto cultural, influenciando e sendo influenciado pela sociedade. Este caminho demonstra a importância dos jogos (sempre, desde que o homem é homem) e traz uma metodologia cristalina para o entendimento do fenômeno "jogar".

A abordagem em toda a obra pela busca do "jogo significativo" vai ao encontro de uma das vocações fundamentais do próprio design: a criação de significados. A experiência determinada pelo jogar nunca é projetada diretamente num jogo, em que somente atuamos no design de suas regras e estrutura visual e semântica. Entender profundamente o jogo e o jogar é definitivo para conseguirmos proporcionar a experiência da maneira mais significativa para o jogador, da maneira que planejamos.

Isto é o que torna esta obra fundamental. Ela discute os fundamentos do design de jogos de maneira lúcida, abrangente e ao mesmo tempo com profundidade, em uma metodologia que permite sua leitura por foco de interesse, como disciplinas que constroem um todo que é o design de jogos. Creio que esta abordagem única decorre do fato de os autores serem também eles designers de jogos, conseguindo desta maneira ajustar o foco da discussão conforme a conveniência, ora como designers, ora como estudiosos, conseguindo assim uma linguagem que coloca luz sobre os temas que compõem e definem o design de jogos.

Ao separar as questões nucleares do design de jogos de suas plataformas, os autores criam uma obra que serve como guia básico para desenvolvedores de jogos nos mais diversos meios, analógicos e digitais. O jogar é o mesmo, seja no seu console doméstico, seja no divertido jogo de tabuleiro. As experiências que o jogo traz é que devem ser levadas em conta, e essa experiência é interativa, o que a diferencia das mídias tradicionais.

Essa busca pela experiência do jogo significativo independe dessas plataformas; ao trazer a discussão dessa maneira, os autores contribuem para o entendimento do que é o próprio design, em seus conceitos mais básicos. Zimmerman e Salen criam assim uma rica discussão, questionando o que é um jogo, o que é design e o que é design de jogos em toda sua independência de plataformas ou mídias, mostrando que criar um jogo vai muito além de aprender uma ferramenta digital ou a manipular gráficos em 3D.

Da mesma maneira, e brilhantemente, eles não se esquecem dessas novas tecnologias e conseguem trazer e discutir as novas mídias no contexto das teorias clássicas dos jogos, colocando Huizinga cara a cara com os MMORPGs, dessa maneira, demonstrando como os conceitos básicos podem ser aplicados a essas novas tecnologias.

Outro motivo que torna essa obra fundamental: aqui se discutem os fundamentos do design de jogos. Dividida em quarto grandes unidades: principais conceitos, regras, jogar e cultura, a obra consegue assim abordar o design de jogos de maneira clara e oferece tanto ao estúdio do design quanto ao desenvolvedor uma metodologia para entender e construir trabalhos em design de jogos que sejam coerentes tanto com os preceitos do design quanto da teoria dos jogos.

Muitos jogos digitais nos dias de hoje fracassam justamente por conta de seus desenvolvedores não conhecerem esses fundamentos. Conhecê-los garante não somente a compreensão e aplicação para jogos tradicionais, mas permite enxergar além e inovar, pois, ao entendermos os preceitos básicos do design e separando a questão *jogar* da questão *plataforma*, conseguimos usar a tecnologia para proporcionar as experiências planejadas, buscando a tecnologia certa para expressar o conceito e não o contrário.

Outra questão importante que justifica este projeto é a atual posição do Brasil no mundo dos desenvolvedores. Temos vários estúdios brasileiros que trabalham comissionados a grandes *publishers* internacionais, temos estúdios de fora que começam a enxergar o potencial do Brasil nessa área e instalam bases aqui e ainda o sucesso das agências que resolveram investir em desenvolvimento de *advert games*, em que encontramos maturidade e um grande campo de trabalho.

Cursos em design de jogos, nos mais diversos formatos, aparecem e se cristalizam, e a criação de uma bibliografia em português se faz necessária e desejável. Cursos que trazem agora o design de jogos tanto como mote para o ensino de ferramentas técnicas, e também os que buscam o ensino de design de jogos em toda sua potencialidade. Tanto para o estudante do curso mais técnico quanto para o mais acadêmico, creio que esta obra tenha a mesma importância.

Espero que esta obra seja tão importante para sua formação quanto foi para a minha, e a de milhares de designers de jogos e estudiosos do assunto. Que seja não uma semente, mas um catalisador tanto para o surgimento de novos designers de jogos quanto de publicações nesta área. Boa leitura!

Alan Richard da Luz

Sobre esta obra

1

Do que trata esta obra?

Esta obra é sobre jogos, todos os tipos de jogos: jogos de estratégia baseados em papel e jogos de atirar em primeira pessoa, os clássicos jogos de tabuleiro e os reluzentes jogos de azar; quebra-cabeças matemáticos e esportes profissionais; aventuras austeras baseadas em texto e jogos em grupo para animar festas adolescentes. Os quatro volumes desta obra unem essas diversas atividades de interação dentro de uma estrutura comum — uma estrutura baseada no *design de jogos*. Em *The Study of Games,* Brian Sutton-Smith escreve: "Cada pessoa define jogos a sua própria maneira — os antropólogos e especialistas em folclore, em termos de origens históricas; os militares, empresários e educadores em termos de usos; os sociólogos em termos de funções psicológicas e sociais. Em tudo isso há provas contundentes de que o significado dos jogos é, em parte, uma função das ideias daqueles que pensam a respeito deles."[1] Qual é, então, o significado que o *designer de jogos* traz para o estudo dos jogos? O que significa examinar os jogos de uma perspectiva do design de jogos?

Para responder a essa pergunta, primeiro precisamos esclarecer o que entendemos por "designer de jogos." O designer de jogos é um tipo particular de designer, muito semelhante a um designer gráfico, designer industrial ou arquiteto. Um designer de jogos não é necessariamente um programador, um designer visual ou gerente de projeto, embora às vezes também possa desempenhar essas funções na criação de um jogo. O designer de jogos pode trabalhar sozinho ou em uma grande equipe. O designer de jogos pode criar jogos de cartas, jogos sociais, videogames ou qualquer outro tipo de jogo. O foco do designer de jogos é projetar a *jogabilidade* (*gameplay*), concebendo e elaborando regras e estruturas que resultam em uma experiência para jogadores.

Assim, o design de jogos, como disciplina, requer um foco nos jogos em si e por si próprios. Em vez de colocar os jogos a serviço de outro campo, como a sociologia, a crítica literária ou a ciência da computação, nosso objetivo é estudar os jogos dentro de seu próprio espaço disciplinar. Como o design de jogos é uma disciplina emergente, muitas vezes nos apropriamos de ideias e conceitos de outras áreas de conhecimento — da matemática e ciência cognitiva; da semiótica e estudos culturais. Podemos não nos apropriar da forma mais ortodoxa, mas fazemos isso com o intuito de ajudar a estabelecer um campo adequado de design de jogos.

Esta obra é sobre *design*, e não *desenvolvimento* de jogos. Não é um livro sobre "como fazer", que oferece dicas e truques para criar jogos digitais de sucesso. Não é um livro sobre como programar jogos digitais ou escolher ferramentas de desenvolvimento; não é sobre como escrever documentos ou gerar ideias de jogos. E, definitivamente, não é sobre a dinâmica da equipe de desenvolvimento ou financiamento, comercialização e distribuição de jogos. Sendo uma obra sobre design de jogos, não é uma introdução geral aos jogos, à história dos jogos nem um relato jornalístico das pessoas e circunstâncias que criam os jogos. Há muitos livros que cobrem todos esses assuntos muito bem.

Em vez disso, *Regras do jogo* oferece algo completamente diferente. Combinando os aspectos teóricos e práticos da criação de jogos, examinamos atentamente os jogos como sistemas projetados, descobrindo padrões em sua complexidade que revelam os desafios do design de jogos. Ao explorarmos o design de jogos como prática de design, destacamos não só os conceitos por trás da criação de interação significativa (*meaningful play*, uma ideia central desta obra), mas também os métodos concretos para colocar esses conceitos em uso em seus jogos. Considerando os interesses e necessidades dos designers em exercício, estudantes e educadores em mente, nossa abordagem vem da própria experiência de desenhar os jogos, jogá-los e ensinar design de jogos.

Mas a obra não é só para designers de jogos. Ao escrever *Regras do jogo,* logo percebemos que ele tem uma aplicação direta a campos fora do design de jogos. Os conceitos e modelos, estudos de caso, exercícios e bibliografias podem ser úteis para designers interativos, arquitetos, designers de produto e outros criadores de sistemas interativos. Da mesma forma, nosso foco em compreender os jogos em si e por si próprios pode beneficiar o emergente estudo acadêmico dos jogos em campos tão diversos como a sociologia, estudos de mídia e política cultural. O envolvimento com ideias, como o envolvimento com um jogo, tem muito a ver com a interação que as ideias tornam possível. Mesmo se você não for um designer de jogos, acredito que encontrará algo aqui que permita interagir com sua própria linha de trabalho de uma maneira nova.

Estabelecendo um discurso crítico

Uma forma de descrever o projeto destes livros é dizer que estamos trabalhando para estabelecer um discurso crítico para o design de jogos. Concordamos com o designer de jogos veterano Warren Spector quando ele diz que "É absolutamente vital começarmos a criar um vocabulário que nos permite analisar, com certo grau de precisão, como os jogos evocam respostas intelectuais/emocionais nos jogadores."[2] Como um campo de pesquisa emergente, ainda não há maneiras bem desenvolvidas de falar sobre os jogos e sobre como funcionam.

Qual é o sentido de estabelecer um discurso crítico? Simplificando, um vocabulário crítico permite que nos comuniquemos. Permite compartilhar ideias e conhecimento e, ao fazer isso, expande as fronteiras do nosso campo emergente. O teórico de mídia e estudioso de jogos Henry Jenkins identifica quatro formas em que a criação de um discurso crítico em torno dos jogos pode ajudar não só designers de jogos, mas o campo como um todo:

- *Treinamento.* Uma linguagem comum facilita a formação de designers de jogos, permitindo que eles explorem seu meio em maior profundidade e variedade.

- *Transferência geracional.* Dentro de campo, um vocabulário disciplinar permite aos designers e desenvolvedores de jogos trocar habilidades e conhecimentos, em vez de resolver os mesmos problemas repetidamente em isolamento.

- *Criação de um público.* Ao encontrar uma maneira de falar sobre os jogos, esses podem ser revisados, criticados e anunciados junto ao público de maneiras mais sofisticadas.

- *Defesa contra críticas.* Há muitas facções que buscariam censurar e regular o conteúdo e os contextos para jogar, principalmente jogos de computador e videogames. Um discurso crítico nos oferece o vocabulário e o entendimento para nos defendermos desses ataques.[3]

Criar um discurso crítico requer examinar os jogos e o processo de design de jogos a partir do zero, propondo métodos para a análise de jogos, avaliando o que torna bom um jogo, e fazendo perguntas sobre o que são os jogos e como funcionam. O resultado é um entendimento mais profundo do design de jogos que pode levar a uma genuína inovação na prática de criar jogos.

Parte da criação de um discurso crítico é definir conceitos, mas chegar a tal vocabulário não é tarefa simples, pois envolve criar definições para palavras que muitas vezes aparecem em contextos múltiplos e contraditórios. Um desafio do nosso projeto foi formular um conjunto de definições para termos como "jogo" ("*game*"), "design", "interatividade", "sistema", interação lúdica ("*play*") e "cultura", termos que formam a base do nosso vocabulário crítico. À medida que exploramos o terreno quase inexplorado do design de jogos, as definições demarcam fronteiras, a forma como um conjunto de pontos define um plano no espaço.

Em termos práticos, é útil definir termos. Mas pode ser perigoso dar uma ênfase exagerada nas definições. De maneira muito ortodoxa, as definições tornam-se um modo de limitar a comunicação e a percepção. Para nós, uma definição não é uma representação estanque ou científica da "realidade." Para um designer, o valor de uma definição é a sua capacidade de servir de ferramenta fundamental para entender e resolver problemas de design. Em outras palavras, ao incluir definições, nossa intenção não é excluir outras que possam complementar ou contradizer as nossas próprias definições. Reconhecemos incondicionalmente que nossas definições, conceitos e modelos deixam algumas coisas de fora e funcionam melhor em algumas circunstâncias do que em outras. Mas isso não diminui sua utilidade geral.

Em geral, é a partir das costuras e fissuras entre definições concorrentes colidindo umas com as outras que nascem novas ideias. Nossa esperança para o design de jogos é que ele se torne um campo tão rico quanto qualquer outro, repleto de vibrante discussão e diálogo, bem como de virulento debate e discordância.

Formas de olhar

Um jogo é uma forma particular de olhar alguma coisa, qualquer coisa.

— **Clark C. Abt**, *Serious Games*

O teórico social Clark C. Abt nos fornece uma poderosa sugestão. Em sua afirmação de que um jogo é uma forma particular de olhar alguma coisa, qualquer coisa, encontramos inspiração para nossa própria abordagem ao design de jogos. De que modo podemos usar os jogos como uma maneira de entender a estética, a comunicação, a cultura e outras áreas do nosso mundo que parecem tão entrelaçadas com os jogos? Por outro lado, como podemos usar a nossa compreensão dessas áreas para enriquecer a nossa prática de desenhar jogos? Muito frequentemente, análises e leituras de jogos simplesmente não fazem justiça à sua complexidade. O designer de jogos e teórico Jesper Juul fez o comentário de que as teorias sobre jogos tendem a cair em dois campos: *Tudo é um jogo* ("A guerra é um jogo, a política é um jogo, a vida é um jogo, tudo é um jogo!"); *Os jogos são X* ("Os jogos são um meio de contar histórias interativas"; "Os jogos são como a criança aprende regras.")[4]

Se os jogos não forem tudo, nem apenas uma coisa, o que eles são? Talvez sejam muitas coisas. Seria estranho para nós dizermos, por exemplo, que poesia *é* contar histórias. Embora o contar histórias seja uma forma de entender a poesia, é apenas uma das muitas perspectivas possíveis. Também poderíamos explorar a poesia formalmente, dentro do contexto de rima e métrica, ou historicamente, com ênfase em tecnologias de impressão. Cada uma dessas perspectivas oferece uma maneira válida de olhar para a poesia — mas utilizar apenas uma delas dá acesso a apenas parte do quadro total. Por outro lado, esses quadros, e muitos outros, considerados em conjunto, começam a esboçar o fenômeno cultural heterogêneo e multifacetado chamado poesia. Em *Regras do jogo,* é exatamente isso o que fazemos com os jogos. Nossa estratégia geral é proporcionar múltiplos pontos de vista para a compreensão. Ao fazermos isso, esperamos evitar as armadilhas comuns que Juul menciona ao ser fiel à natureza complexa e polimorfa de jogos.

Essa abordagem é adequada para o design? Sem dúvida. Em seu livro *Notes on the Synthesis of Form,* o arquiteto Christopher Alexander enfrenta os desafios do design, descrevendo uma metodologia que se centra na complexidade inerente dos problemas de design. Em parte, seu argumento é baseado no pressuposto de que a clareza na forma não pode ser alcançada até que primeiro haja clareza na mente e nas ações do designer. Alexander nos pede para considerar a gama de fatores que afeta o design de uma chaleira.

> Vamos examinar novamente apenas um tipo de dificuldade que o designer enfrenta. Tomemos, por exemplo, o design de uma chaleira simples. Ele tem de inventar uma chaleira, que se inscreve no contexto de seu uso. Ela não deve ser muito pequena. Não deve ser difícil de pegar quando estiver quente. Não deve ser fácil de deixar cair sem querer. Não deve ser difícil guardá-la na cozinha. Não deve ser difícil de se despejar a água. Deve despejar a água sem derramar fora. Não deve esfriar a água muito rapidamente. Deve ser feita de material que não seja muito caro. Deve ser capaz de suportar a temperatura de água fervente. Não deve ser muito difícil de limpar por fora. Não deve ter uma forma muito difícil de lavar na máquina. Não deve ter uma forma inadequada para o metal barato escolhido para fabricá-la. Não deve ser muito difícil de montar, uma vez que isso custa tempo de mão de obra. Não deve enferrujar em cozinhas úmidas. A parte interna deve ser fácil de limpar. Não deve ser difícil de ser enchê-la de água. Deve ser econômica ao aquecer pequenas quantidades de água, quando não estiver cheia. Não deve agradar apenas a uma minoria tão pequena que não possa ser fabricada de forma adequada por causa da exígua demanda. Sua manipulação deve ser simples a fim de impedir acidentes quando crianças ou deficientes tentarem usá-la. Deve ter dispositivo para avisar que a água entrou em estado de ebulição antes de secar. Não deve ficar instável no fogão quando estiver em ebulição.[5]

A resposta de Alexander ao desafio da complexidade é organizar e classificar os aspectos do problema de design à mão. Os padrões que surgem como resultado dessa análise permitem que o designer, como esclarece Alexander, "supere as dificuldades da complexidade." Quando o designer sistematiza os elementos do problema, ele dá forma ao problema, lançando-o em uma perspectiva totalmente nova.

Os jogos também revelam esse grau de complexidade. Como produtos da *cultura humana,* os jogos atendem a uma série de necessidades, desejos, prazeres e usos. Como produtos da *cultura de design*, os jogos refletem uma série de inovações tecnológicas, materiais, formais e interesses econômicos. Seria inútil (e até mesmo sem sentido) tentar ver um fenômeno tão complexo por uma única perspectiva. Fazer isso seria praticamente perder a maior parte do problema de design. Nossa solução? *Esquemas de design de jogos.*

Esquemas de design de jogos

A maioria dos capítulos desta obra está organizada sob o título de um esquema de design de jogos. Um *esquema* é uma forma de sistematizar e organizar conhecimento. Um *esquema de design de jogos* é uma forma de entender jogos, uma lente conceitual que podemos aplicar à análise ou criação de um jogo. Quais são alguns dos esquemas de design de jogos que empregamos no decorrer destes livros? Examinamos os jogos através das lentes matemáticas da probabilidade. Nós os examinamos como contextos de interação social. Examinamos os jogos como se fossem sistemas narrativos. Olhamos para eles como espaços de resistência cultural. Fazemos isso em cada caso pelo ponto de vista do design de jogos.

Organizamos esses variados pontos de vista de acordo com três *esquemas primários,* cada um contendo um conjunto de esquemas relacionados. Nossos esquemas primários são **REGRAS**, **INTERAÇÃO LÚDICA** (*PLAY*) e *CULTURA*:

- **REGRAS** contêm esquemas de design de jogos formais que focalizam as estruturas essenciais lógicas e matemáticas de um jogo.

- **INTERAÇÃO LÚDICA** (*PLAY*) contém esquemas de design de jogos experienciais, sociais e representacionais que colocam a participação do jogador em primeiro plano com o jogo e com outros jogadores.

- **CULTURA** contém esquemas de design de jogos contextuais que investigam os aspectos culturais dentro de contextos mais amplos nos quais os jogos são projetados e praticados.

Esses esquemas não só organizam formas de olhar os jogos, mas também, quando considerados como um todo, oferecem um método geral para o estudo do design de jogos. Cada esquema traz à tona certos aspectos dos jogos, ao basear-se em esquemas anteriores para chegar a um entendimento polivalente de jogos. Os três esquemas primários não são mutuamente exclusivos, nem de natureza científica. Não criamos tais esquemas como uma taxonomia, para dizer *"essa* é uma característica das **REGRAS**, *não* uma característica da **INTERAÇÃO LÚDICA**." Mais precisamente, esses esquemas são ferramentas de projeto conceitual para ajudar a focalizar o nosso pensamento para os problemas de design especial.

Como estrutura, **REGRAS**, **INTERAÇÃO LÚDICA**, **CULTURA** não constituem apenas um modelo para o design de jogos. Também representam uma maneira de compreender qualquer tipo de projeto. Considere o modelo aplicado mais amplamente:

- **REGRAS** = a organização do sistema projetado

- **INTERAÇÃO LÚDICA** = a experiência humana desse sistema

- **CULTURA** = os contextos maiores envolvidos e habitados pelo sistema

Ao analisar ou criar uma fonte (tipo de letra), por exemplo, você poderia estudar as regras formais do sistema (como o peso visual das formas das letras se relacionam entre si), a interação do sistema (o tipo de experiência de leitura que a fonte propicia), ou os aspectos culturais do sistema (as referências históricas e os contextos em que a fonte será vista). **REGRAS**, **INTERAÇÃO LÚDICA** e **CULTURA** são estruturas que podem facilitar o raciocínio crítico em qualquer campo do design.

Fundamentos do design de jogos

Regras do jogo é uma obra sobre fundamentos. Como a prática do design, o design de jogos tem seus próprios princípios essenciais, um sistema de ideias que define o que são os jogos e como eles funcionam. A inovação no campo só pode crescer a partir de um profundo entendimento desses conceitos básicos. O que são esses fundamentos do design de jogos? Eles incluem entender o design, os sistemas e a interatividade, bem como a escolha do jogador, a ação e o resultado. Incluem um estudo da criação e quebra de regras, complexidade e emergência, experiência do jogo, representação do jogo, e da interação social proporcionada pelo jogo. Incluem a poderosa conexão entre as regras de um jogo e a interação que as regras produzem, os prazeres que os jogos invocam, os significados que constroem, as ideologias que incorporam e as histórias que contam.

Como princípios fundamentais, essas ideias formam um sistema de construir blocos que os designers de jogos organizam e reorganizam em todos os jogos que criam. Por mais improvável que possa parecer, Go, Trivial Pursuit, Dance Dance Revolution e Unreal Tournament compartilham, todos eles, os mesmos princípios fundamentais, articulados de forma radicalmente diferente. A gama de expressão do design de jogos é vasta, profunda e largamente inexplorada. Ao esclarecer essas ideias, podemos fornecer um conjunto de estratégias que ajudam a encaixar esses fundamentos a suas necessidades de design especiais.

Regras do Jogo é uma obra para estudiosos e designers de jogos em exercício, mas também é muito sobre ensino e aprendizagem. A formação em design de jogos representa um importante contraponto à teoria e prática do design de jogos, pois na sala de aula os fundamentos estabelecidos nesse livro podem ser explorados, dissecados, criticados e reinventados. Ao desenvolver materiais de ensino e aprendizagem, tivemos de nos perguntar: *Quais são os principais elementos que constituem um currículo de design de jogos? Quais são as disciplinas que o currículo inclui, quais são os objetivos dos cursos, o que os alunos precisam saber para se tornar designers de jogos?*

Essas são algumas questões a serem levantadas por faculdades, universidades e outras instituições profissionais ao desenvolverem programas de ensino em design de jogos. As necessidades desses programas são diversas: há uma enorme diferença entre um programa de graduação em design de jogos em uma faculdade de artes, um curso de graduação com ênfase em design de jogos dentro de um departamento de mídia comparativa e um *workshop* da indústria sobre design de jogos em uma conferência de profissionais.

Um único currículo não pode abranger todos esses contextos. Em vez de fazer um programa único, fornecemos ferramentas para permitir que professores lidem com suas próprias circunstâncias particulares. Desenvolvemos a bibliografia, leituras recomendadas, estudos de casos, jogos encomendados e exercícios de design de jogos com esse tipo de flexibilidade em mente. Acreditamos que uma variedade de programas que atendam a necessidades de perspectivas diferentes (e talvez concorrentes) resultará em jogos melhores, melhores designers de jogo e muitas horas de *meaningful play* ("interação significativa").

Leituras complementares

No final da maioria dos capítulos, incluímos uma lista de livros como sugestão de leituras adicionais. Essas leituras podem ser usadas para criar um plano de ensino para um curso, um material didático para um *workshop* ou satisfazer sua curiosidade sobre um tema introduzido no capítulo. As leituras selecionadas refletem nossas próprias idiossincrasias, e não pretendem ser um cânone definitivo para a teoria do design de jogos. Entretanto, representam o que consideramos como as fontes mais relevantes sobre o tema.

Cada capítulo apresenta apenas uma pequena quantidade de leituras adicionais, mas também há outras fontes de pesquisa no livro. No final dos livros, há mais algumas leituras recomendadas que não se encaixam em nenhum capítulo específico. As notas de fim de capítulo e a bibliografia geral também contêm muitas referências que não são encontradas em nenhuma das listas de leituras adicionais. A seguir, as leituras sugeridas para este capítulo.

Leitura complementar

The Art of Computer Game Design, de Chris Crawford

Chris Crawford é um designer de jogos que começou sua carreira na Atari. Ele escreveu *The Art of Computer Game Design* em 1982, em uma época em que os computadores estavam começando a aparecer na casa das pessoas. O livro foi um dos primeiros textos a tratar da natureza do design de jogos e, apesar de algumas das ideias serem datadas pelos avanços na área, ainda é um excelente recurso para os princípios básicos de design de jogos. O livro está esgotado, mas o texto está disponível online em: <http://www.vancouver.wsu.edu/fac/peabody/gamebook/Coverpage.html>

> **Recomendados:**
> Capítulo 1: What is a Game?
> Capítulo 3: A Taxonomy of Computer Games
> Capítulo 5: The Game Design Sequence

Gamasutra, The Art and Science of Making Games <www.gamasutra.com>

Parte da Gama Network, que inclui a Game Developers Conference e a Game Developer Magazine, *Gamasutra* é uma das melhores fontes de design de jogos. O site apresenta notícias da indústria de desenvolvimento de jogos, as características editoriais sobre os problemas práticos de design de jogos e análises de jogos comerciais. Recentemente, eles acrescentaram uma seção sobre a educação, publicando literatura mais acadêmica sobre jogos e design de jogos. Visitamos o site regularmente.

Game Studies: The International Journal of Computer Game Research, editada por Espen Aarseth, Markku Eskelinen, Marie-Laure Ryan, Susana Tosca <www.gamestudies.org>

Uma boa fonte para nova literatura científica sobre jogos, *Game Studies* é uma revista multidisciplinar, revisada por pares, sobre videogames e jogos de computador. Editada por uma excelente equipe de acadêmicos e pesquisadores com um profundo interesse no estudo dos jogos, a revista se concentra na investigação de jogos por uma perspectiva das disciplinas de humanidades e da ludologia. Embora o material não se concentre necessariamente no design de jogos, os artigos oferecem vários modelos e críticas de grandes questões teóricas sobre narrativa, mídia, interatividade e imersão.

IGDA Curriculum Framework: The Study of Games and Game Development, pela International Game Developers Association, Education Committee

Os membros da IGDA Doug Church, Robin Hunicke, Jason Della Roca, Warren Spector e Eric Zimmerman estão, há alguns anos, criando um documento que fornece uma estrutura prática para um currículo de design de jogos. O documento não aborda apenas design de jogos, mas também campos relacionados tão diversos como design visual, programação, negócios e estudos de jogos baseados em ciências humanas e sociais. O Curriculum Framework é destinado a educadores e estudantes e assume a forma modular que pode ser aplicada a uma variedade de contextos diferentes. Encontre a versão atual do documento em <http://www.igda.org/>.

"I Have No Words but I Must Design" de Greg Costikyan

Greg Costikyan é um designer de jogos de computador e em papel que escreveu vários ensaios sobre design de jogos. *I Have No Words* foi originalmente publicado em 1994 na segunda edição da *Interative Fantasy*. O artigo é encontrado no site de Costikyan em <http://www.costik.com/nowords.html> e é uma tentativa de formular uma terminologia crítica para o design de jogos. Apesar de breve, é um ensaio ambicioso e influente, e inclui uma definição útil de jogos.

"Rules, Play, and Culture: Checkmate!" de Frank Lantz e Eric Zimmerman

Esse ensaio, publicado originalmente em 1999 na *Merge Magazine,* é a primeira aparição do modelo de três partes Regras/Interação lúdica/Cultura para refletir sobre jogos, que os autores desenvolveram enquanto davam aulas de design de jogos na New York University. Os elementos desse modelo são a base para a estrutura geral desta obra. Como tal, o artigo oferece uma visão geral breve e útil desses tópicos essenciais de design de jogos.

Notas

1. E.M. Avedon, "The Structural Elements of Games", In *The Study of Games,* edited by E.M. Avedon and Brian Sutton-Smith (Nova York: Wiley, 1971), p. 438.
2. RE:PLAY: Game Design + Game Culture. Online conference, 2000. <www.eyebeam.org.replay>.
3. "Computer and Video Games Come of Age. A National Conference to Explore the Current State of an Entertainment Medium." 10-11 de fevereiro de 2000. Comparative Media Studies Department, MIT. Transcripts. Henry Jenkins.
4. Jesper Juul, Digital Arts and Culture Conference at Brown University, 2001.
5. Christopher Alexander, *Notes on the Synthesis of Form* (Cambridge: Harvard University Press, 1964), p. 60.

O processo de design

2

Como você gosta. Voltei a criar um jogo eficiente, agora improvisando uma rota que transforma o que parecia um erro em uma forma alternativa de continuar.

— **David Sudnow**, *Pilgrim in the Microworld*

Design iterativo

A formação em design de jogos não pode consistir em uma abordagem puramente teórica aos jogos. Isso se aplica a qualquer campo do design: designers aprendem melhor através do processo de design, experimentando diretamente as coisas que criam. Portanto, uma grande parte da formação do designer de jogos envolve a criação de jogos. Por mais conceitual que este livro possa parecer, sua intenção não é apenas estimular o debate e a análise, mas facilitar o design de jogos. Neste capítulo, oferecemos uma série de ferramentas para integrar nossas ideias sobre jogos no processo de criá-los.

Este livro não fornece um guia prático para a programação de jogos, gerenciamento de projetos ou outros aspectos do desenvolvimento de jogos. O que ele oferece é uma forma de refletir sobre o processo de fazer o design de jogos. É uma abordagem muito simples e poderosa, que evolui há mais de uma década de experiência no ensino e design de jogos. Chamamos essa abordagem de *design iterativo*. Com certeza não somos os primeiros a usar esse termo ou a metodologia de design que ele representa, mas nossa experiência mostrou que é uma ferramenta inestimável para qualquer designer de jogos.

O design iterativo é um processo de design baseado na interação lúdica (*play-based design process*). Enfatizando o *playtesting* (testes de jogabilidade) e a prototipagem, o design iterativo é um método em que as decisões de design são tomadas como base na experiência de jogar um jogo durante seu desenvolvimento. Em uma metodologia iterativa, uma versão rudimentar do jogo é rapidamente prototipada logo no início do processo de design. Esse protótipo não tem nenhum dos benefícios estéticos do jogo final, mas começa a definir suas regras fundamentais e mecanismos centrais. Não é um protótipo visual, mas interativo. Esse protótipo é jogado, avaliado, ajustado e novamente jogado, permitindo que o designer ou equipe de design fundamente decisões sobre as sucessivas *iterações* ou versões do jogo. O design iterativo é um processo cíclico que se alterna entre protótipos, testes, avaliação e refinamento.

Por que o design iterativo é tão importante para os designers de jogos? Porque não é possível antecipar totalmente a interação lúdica do jogo. Nunca é possível prever completamente a experiência de um jogo. O jogo está cumprindo suas metas de design? Será que os jogadores entendem o que devem fazer? Eles estão se *divertindo?* Eles querem voltar a jogar? Essas perguntas nunca podem ser respondidas escrevendo um documento de design ou criando um conjunto de regras e materiais de jogo. Elas só podem ser respondidas por meio da interação lúdica (*play*). Por meio do processo de design iterativo, o designer de jogos se torna um jogador e o ato de jogar, de interagir ludicamente com o jogo, se torna um ato de design. Aprender a jogar um jogo criticamente, ver seus pontos fortes e seus pontos fracos, e ser capaz de implementar as mudanças que irão impulsionar o jogo a uma interação lúdica significativa (*meaningful play*) são habilidades centrais de design do jogo.

Temos uma regra prática simples a respeito da prototipagem e dos testes de jogabilidade: um protótipo de jogo deve ser criado e testado, no mais tardar, quando o cronograma do projeto estiver em torno de 20 por cento. Se um jogo for um exercício escolar de duas semanas, os alunos devem jogar uma versão do jogo dois dias depois de o exercício ter sido dado. Se for um jogo de computador comercial com um cronograma de 15 meses do conceito ao produto final, um protótipo deve estar pronto, no mais tardar, em três meses de desenvolvimento.

Os primeiros protótipos não são muito atraentes. Eles podem ser versões em papel de um jogo digital, uma versão de um único jogador de uma experiência em rede, um tabuleiro desenhado à mão com peças improvisadas para um jogo de estratégia de guerra, ou um esboço interativo rudimentar com uma arte-final temporária. Apesar disso, o protótipo é mais do que uma apresentação de slides interativa — é um jogo realmente jogável que começa a resolver os desafios do design do jogo como um todo. O jogo multiplayer on-line SiSSYFiGHT 2000 foi primeiro prototipado em notas Post-it em cima de uma mesa de conferência, em seguida veio o jogo IRC (Internet Relay Chat) baseado em texto e, então, em um esqueleto baseado na Web, que se tornou a base do aplicativo final. Em cada fase, o protótipo do jogo foi rigorosamente jogado, avaliado, refinado e novamente jogado.

A maioria dos designers de jogos baseados em papel segue um processo de design iterativo, mas a maioria dos criadores de jogos digitais não faz isso. Normalmente, um jogo de computador comercial é desenhado inúmeras vezes com antecedência, com storyboards e muitos documentos de design, em geral, com centenas de páginas, antes de começar qualquer produção do jogo real propriamente dito. Esses documentos, invariavelmente, se tornam obsoletos assim que começa o desenvolvimento da produção. Por quê? Porque a interação de um jogo sempre surpreende seus criadores, especialmente se o design do jogo for incomum ou experimental. Mesmo um designer veterano não pode prever exatamente o que vai e o que não vai funcionar antes de experimentar o jogo em primeira mão. Faça o protótipo do seu jogo antecipadamente. Jogue-o por todo o processo de design. Recrute o maior número possível de pessoas para jogar o seu jogo e observe-as jogando. Permita que você seja surpreendido e desafiado. Seja sempre flexível. E não se esqueça de se divertir.

Gerenciar o desenvolvimento do software de jogos ou de qualquer outro tipo de desenvolvimento de jogos oferece desafios próprios, e não estamos sugerindo que o design iterativo represente uma metodologia de desenvolvimento completa. Nosso foco é o design do jogo, e não o desenvolvimento do jogo. O design iterativo é apenas uma parte de um processo muito maior para levar um projeto de jogo da concepção à conclusão. Mas, considerado por si só, isso é um excelente ponto de partida para um processo rigoroso e eficaz de design de jogos.

Jogos encomendados

Uma das melhores maneiras de entender o design iterativo é estudar os processos de outros designers de jogos. Como surgem suas ideias de jogos? Como eles implementam, testam e refinam essas ideias? Como seus jogos evoluem e mudam durante o processo de design? A fim de apresentar possíveis respostas a essas perguntas, contratamos quatro designers do jogo para criar jogos especificamente para este livro. Pedimos para cada designer desenhar um jogo que pudesse ser impresso e jogado como um complemento aos princípios de design de jogos abordados no texto. Além disso (como se tudo isso não bastasse!), pedimos que eles fizessem um registro do processo de design, como forma de compartilhar os obstáculos e dificuldades encontrados pelo caminho. Esses diários de design são documentos ricos e variados que detalham a experiência do design do jogo. Apesar de cada designer apresentar um ponto de vista muito diferente, todos fazem uso rigoroso de um processo de design iterativo.

Na nossa humilde opinião, todos os jogos encomendados aqui são divertidos de jogar. Naturalmente, você terá de constatar isso por conta própria. Os quatro jogos e seus registros de design aparecem em diferentes seções do livro, completando um capítulo específico ou um conjunto de capítulos. Os jogos usam diferentes conjuntos de materiais, alguns impressos no livro, outros você mesmo fornece, como dados, peças ou um baralho de cartas. O jogo de Kira Snyder utiliza o próprio livro como um material de jogo, ao passo que o de Richard Garfield utiliza um tabuleiro que você tem de xerocar para poder jogar. Cada jogo inclui uma sinopse e um conjunto de regras, mas a seguir apresentamos um resumo de cada um.

Richard Garfield: Rivalidade entre Irmãos *(página 124 deste volume)*

Um jogo de tabuleiro para dois ou mais jogadores, Rivalidade entre Irmãos é um jogo de conflito entre irmãos malcomportados. Os jogadores lançam dados e se movem por uma série de "trilhas" em um tabuleiro, tentando o melhor nas travessuras ao mesmo tempo que evitam ser pegos e punidos por seus pais.

Frank Lantz: Ironclad *(página 184 do volume 2 — Regras)*

Ironclad é um jogo para duas pessoas composto de dois "subjogos", jogados simultaneamente no mesmo tabuleiro. Um deles é um jogo de combate de arena entre duas equipes adversárias compostas de robôs fortes e armados. O outro é um jogo de dois especialistas em lógica tentando resolver um debate filosófico. As pessoas jogam em ambos os jogos por vez, e ninguém sabe ao certo qual jogo está sendo efetivamente jogado até um dos conjuntos de condições para a vitória ser cumprido. Ironclad é jogado em um tabuleiro, com pedras do jogo *Go* e peças do jogo de damas.

Kira Snyder: Sneak *(página 210 do volume 3 — Interação Lúdica)*

Sneak é um jogo de simulação social, jogado com quatro ou mais pessoas. Um jogador do grupo recebe secretamente o status de agente duplo, conhecido como Sneak. Informações impressas neste livro fornecem aos jogadores ações para ajudar a revelar quem do grupo é o Sneak. Ganha mais pontos aquele que identificar o Sneak e levar os outros jogadores a adivinhar incorretamente.

Ernest James: Caribbean Star *(página 106 do volume 4 — Cultura)*

Jogado com um baralho de cartas de um baralho comum, o Caribe Star é uma batalha entre dois mágicos de cruzeiro que foram acidentalmente contratados no mesmo navio. Os mágicos têm exatamente uma semana para provar quem é o melhor mágico, uma proeza que é realizada à medida que os mágicos mostram suas habilidades compondo estrategicamente shows de mágica divertidos com as cartas.

Para dar uma ideia de um processo de design de jogos mais complexo, encomendamos um ensaio adicional. Escrito pelo prolífico designer de jogos de tabuleiro Reiner Knizia, o ensaio descreve o processo conceitual e prático de desenhar o jogo de tabuleiro Senhor dos Anéis. Esse relato detalhado de seu processo de design iterativo aparece logo depois deste capítulo.

Exercícios de design de jogos

Nas páginas a seguir, oferecemos uma série de exercícios práticos de design de jogos, para estudantes e designers, uso em salas de aula e *workshops* profissionais, atividades e iniciativas realizadas por uma única pessoa ou em grupo, breves experimentos ou teses de longo prazo. Existem inúmeras possibilidades para o que poderia ser um exercício de design de jogos. Em vez de oferecer uma extensa lista, oferecemos uma série de exemplos que podem ser alterados para se adequarem às necessidades do contexto em que você trabalha no momento. Os exercícios aqui apresentados não representam um catálogo abrangente de atividades, pois pretendem servir de pontos de partida para o desenvolvimento de seus próprios exercícios de design de jogos.

Cada exercício tem um *foco de design* particular, correspondendo a um capítulo ou um conjunto de capítulos deste livro. O foco de design tem dois papéis fundamentais. Primeiro, orienta os alunos durante o trabalho, dando-lhes uma forma concreta para direcionar seu raciocínio e método de design. O segundo papel do foco de design é dar aos instrutores uma forma de avaliar um projeto durante e após o processo de design, oferecendo uma estrutura conceitual para analisar os sucessos e fracassos de um jogo. Em cada exercício, o foco de design ajuda a identificar o problema de design, bem como possíveis soluções.

Computadores na sala de aula

O fenômeno dos jogos abrange mais do que apenas jogos de computador, e ensinar design de jogos não precisa acontecer por meio da criação de jogos em computadores. Em nossos muitos anos de ensino de design de jogos, a maioria de nossas aulas não exigia que os alunos programassem jogos. Programação não é o equivalente de design de jogos e logo que os alunos recebem a tarefa de criar jogos em um computador, a programação pode rapidamente se tornar a principal atividade dos alunos.

Em nossas aulas, os alunos são convidados a se concentrar em questões de design de jogos, questões essas que não são intrínsecas à tecnologia digital. Em muitos casos, os alunos não trabalham no computador para criar jogos de tabuleiro, jogos de cartas, jogos físicos e jogos sociais. Mesmo quando o curso enfatiza a criação de jogos digitais, as questões do design de jogos assumem o centro do palco. Isso não significa dizer que essa é uma situação de escolha inevitável entre duas alternativas. Por exemplo, um design de jogos baseado em papel poderia ser posteriormente implementado em um meio digital.

Há muitas maneiras de incorporar a tecnologia de computador em exercícios de design de jogos, tais como o uso de um editor de nível de jogo comercial para projetar níveis de jogo, a criação de um jogo por e-mail em que um moderador humano processa o resultado das ações do jogo ou a programação de jogos a partir do zero. O design de jogos pode até ser usado para ensinar uma abordagem conceitual à programação, abordagem essa baseada na iteração, relações entre objetos, ações e resultados. Obviamente, o currículo que você cria deve ser baseado em suas próprias habilidades e interesses — não se esqueça de gerenciar cuidadosamente o equilíbrio entre os fundamentos do design de jogos e as habilidades de produção de mídia.

Os exercícios são divididos em três categorias: criação de jogos, modificação de jogos e análise de jogos. Note que muitos deles fazem uso de conceitos e termos que são explicados nos capítulos associados. Naturalmente, não é preciso mencionar que todos esses exercícios devem fazer uso de um processo de design iterativo. Aprender a desenhar iterativamente é a habilidade mais importante que um estudante de design de jogos pode aprender.

Criação

Os exercícios de criação de jogos envolvem fazer um jogo a partir do zero. Qualquer um dos exercícios de criação de jogos incluídos aqui pode ser projetado para acontecer dentro de uma única aula, durante um fim de semana, durante duas ou três semanas, ou ao longo de um semestre.

Em cada exercício, o foco do design se manifesta como um conjunto de parâmetros dado aos alunos a fim de limitar e focar a reflexão sobre o design. Por exemplo, um grupo de alunos criando um jogo com um foco de design na interação social pode ser receber parâmetros que especificam o número de jogadores (2, 5 ou 20) e o tipo de relações sociais que o jogo cria (como a camaradagem, a animosidade ou o flerte). Os parâmetros também podem abordar o meio ou formato do jogo sendo desenhado. Esses parâmetros podem ser criados antes da aula, escritos em cartões e distribuídos aleatoriamente para grupos de alunos (em geral, equipes de 2 a 4 alunos trabalham melhor, dependendo do contexto e da tarefa). Alternativamente, os alunos podem escolher seus próprios parâmetros. Em geral, dois ou três parâmetros são suficientes para focar o raciocínio dos estudantes sem sufocá-los com muitas restrições.

Manipulação das informações

Foco do design: ***Jogos como sistemas de informação*** (Capítulo 17 do volume 2 — Regras)

Descrição: Os estudantes recebem parâmetros de design baseados no uso de informações públicas e privadas. Exemplos incluem: todas as informações do jogo são públicas, algumas informações sobre o jogo são privadas, uma pessoa no jogo tem conhecimento privado especial, o jogo contém informações que são ocultas de todos os jogadores no início do jogo etc. Para manter o jogo focado em questões formais, em vez de na invenção da mídia do jogo, os materiais são limitados a materiais de jogos tradicionais, como um baralho de cartas ou o tabuleiro e as peças de um jogo.

O jogo do cadáver esquisito

Foco do design: ***Regras em três níveis*** (Capítulo 12 do volume 2 — Regras)

Descrição: Esse exercício de design formal funciona melhor com grupos de três. A primeira pessoa em cada grupo escreve secretamente duas regras para um jogo que poderia ser jogado em sala de aula, cada regra em uma linha separada em uma folha de papel. A primeira regra fica escondida e a segunda fica visível. A segunda pessoa examina a segunda regra e escreve mais duas, deixando a última regra visível para a terceira pessoa escrever mais uma regra e uma condição de vitória. As regras são então reveladas e o grupo tem criar um jogo partindo do conjunto total de regras. O objetivo do exercício é ver como as regras interagem entre si dentro do sistema de um jogo, e explorar os limites da ambiguidade e especificidade das regras. Com mais pessoas em cada grupo, os alunos poderão escrever uma regra única, para impedir que o conjunto de regras se torne complexo demais.

Sensações da interação

*Foco do design: **Jogos como experiência lúdica*** (Capítulo 23 do volume 3 – Interação Lúdica)

Descrição: Nesse exercício baseado na interação, os alunos recebem parâmetros experimentais para limitar e focar o design, incluindo os sentidos (desenhar um jogo que enfatiza a experiência do tato, paladar ou olfato), as emoções (fazer com que os jogadores experimentem raiva, medo ou humor) ou uma das tipologias de experiência de interação lúdica do Capítulo 23 (desenhar um jogo com base nos conceitos de Caillois de ilinx, alea, agôn ou mimetismo). A mídia do jogo é bem aberta e também pode servir como um parâmetro.

Engendrando o metajogo

*Foco do design: **Jogos como experiência social*** (Capítulo 28 do volume 3 – Interação Lúdica)

Descrição: Alunos criam um jogo desenhado especificamente para promover metajogos emergentes. Por exemplo, os parâmetros para esse exercício poderiam ser que o jogo durasse não mais de 60 segundos e fosse projetado para ser tocado em rápida sucessão. Os estudantes relatariam e analisariam o metajogo resultante como parte de todo o exercício.

Resistência específica ao local

*Foco do design: **Jogos como resistência cultural*** (Capítulo 32 do volume 4 – Cultura)

Descrição: Os jogadores criam um jogo concebido para um determinado contexto físico, como um ponto de referência, vagão de metrô, café etc. O jogo deve tanto refletir como transformar a ideologia cultural do contexto escolhido pela interação do jogo. Os alunos podem se limitar a jogos que eles possam implementar na prática ou concluir os jogos que são grandes demais passem por testes, como um jogo que envolve a população de uma cidade inteira. Se os estudantes não puderem jogar o jogo inteiro, eles ainda devem isolar alguns aspectos do jogo para protótipos e testes.

Sistemas de jogo de código-fonte aberto

*Foco do design: **Jogos como cultura aberta*** (Capítulo 31 do volume 4 – Cultura)

Descrição: Cada aluno ou grupo cria um conjunto de materiais de jogo (ou sistema de jogo) que poderia ser usado como base para uma variedade de jogos. Eles então desenham as regras de um único jogo usando o sistema de jogo. Cada grupo recebe então o sistema de jogo de outro grupo e é incumbido de criar um jogo usando o novo sistema. Em seguida, os grupos se voltam para os sistemas de jogo que criaram originalmente, com os dois conjuntos de regras do jogo, e criam um terceiro jogo, que é uma síntese dos dois. O foco desse exercício está em desenhar um conjunto de código-fonte aberto de materiais de jogo que se presta a uma diversidade de designs de jogo.

Em todos os problemas de criação de jogos, é particularmente importante enfatizar o processo de design iterativo. Em geral, é difícil para os estudantes passarem do *brainstorm* de ideias para a implementação de conceitos dentro de um protótipo do jogo real. Essa é uma razão pela qual é importante a escolha prudente de parâmetros de design. Os parâmetros devem proporcionar aos alunos limitações que os ajudem a se concentrar, permitindo que eles cheguem a uma ideia de design coerente. Certifique-se de que os parâmetros que você atribui incorporam o foco do design do exercício como um todo. Isso ajudará os alunos a entender o objetivo do exercício e avaliar os seus designs durante a produção.

Um cenário comum de criação de jogos é que o aluno é colocado em uma situação em que está criando um jogo a partir do zero, com poucos ou nenhum parâmetro para orientar o trabalho. Em geral, isso acontece em cursos semestrais ou anuais ou em projetos de estúdio. Os alunos tendem a ser extremamente ambiciosos e pouco organizados nessas situações; às vezes, um foco de design e a inclusão de parâmetros de design específicos podem ajudar a manter um processo de design mais direcionado. Além disso, a menos que os alunos estejam trabalhando em equipe ou queiram passar a maior parte do tempo programando ou criando recursos de áudio e visuais, eles devem desenhar um jogo não digital ou um jogo digital extremamente simplificado.

Modificação

Exercícios de modificação representam outra categoria de problemas de design de jogos. Em vez de apresentar um jogo usando apenas um conjunto de parâmetros, o ponto de partida de um exercício de modificação é um jogo já existente que é alterado por um ato de design. Os mesmos pontos apresentados antesriormente sobre a importância de um foco do projeto, a seleção cuidadosa de parâmetros de design e o uso de design iterativo se aplicam aqui.

Mude as regras

Foco do design: ***Definindo regras*** *e* ***Regras em três níveis*** (Capítulos 11, 12 do volume 2 – Regras)

Descrição: Nesse exercício simples, os jogadores mudam algumas das regras para ver como as mudanças afetam o jogo. As mudanças nas regras devem receber um enfoque conceitual. Por exemplo, os alunos podem receber jogos simplistas, não muito gratificantes, como o jogo da velha ou o jogo de cartas War com a ideia de que as mudanças de regra devem resultar em uma interação lúdica mais significativa. Esse exercício também pode ser usado como uma oportunidade para compreender a importância de elaborar regras operacionais claras: cada grupo deve escrever as regras completas para a sua variante do jogo e assistir aos grupos tentarem jogar os jogos apenas com as instruções escritas como um guia.

Desestabilização

Foco do design: ***Jogos como sistemas cibernéticos*** (Capítulo 18 do volume 2 – Regras)

Descrição: O ponto de partida para esse exercício é um jogo bem equilibrado. Usando os princípios de ciclos de *feedback*, os alunos devem mudar as regras para introduzir um ciclo de *feedback* positivo ou negativo que mantenha o estado do jogo excessivamente estático ou que o deixe fora de controle. Cada grupo, então, passa seu jogo "quebrado" para outro grupo, que deve resolver o problema de projeto, mas manter a alteração da regra do primeiro grupo como parte do jogo.

Uma mudança na escala

Foco do design: ***Jogos como experiência*** lúdica (Capítulo 23 do volume 3 – Interação Lúdica)

Descrição: Nesse exercício de modificação do jogo, os alunos alteram um jogo já existente mudando seus materiais. A escala ou algum outro atributo físico do jogo deve ser radicalmente transformado. Como as regras do jogo permanecem as mesmas, a diferença entre as duas versões reside na interação experimental de cada um.

Transportando o mecanismo central

*Foco do design: **Jogos como experiência do prazer*** (Capítulo 24 do volume 3 – Interação Lúdica)

Descrição: Os alunos começam analisando um jogo existente e identificando seu mecanismo central. Eles então extraem o conceito do mecanismo central e o usam para modificar um segundo jogo existente. Uma variante desse exercício consiste em transformá-lo em um problema de criação de jogos em que os estudantes desenham um jogo com base no mecanismo central que identificaram inicialmente. Em ambos os casos, o objetivo do exercício é entender o principal papel de um mecanismo central para ver se tais mecanismos podem ser transplantados com sucesso de um contexto de jogo para outro.

Novas representações

*Foco do design: **Jogos como experiência da simulação*** (Capítulo 27 do volume 3 – Interação Lúdica)

Descrição: Nesse exercício, os jogadores pegam um jogo que retrata uma forma de conflito ou atividade e o modificam para que ele represente outra forma. Os parâmetros de design podem ser um embaralhamento da distinção entre território / economia / conhecimento (tornar o xadrez um conflito sobre o conhecimento, ou o Trivial Pursuit em um conflito territorial). Outra possibilidade é modificar os jogos para representar um assunto não normalmente encontrado em jogos, como os conflitos sociais ou psicológicos. Os jogos devem utilizar técnicas de representação procedimental para representar o seu tema.

A retórica da loteria

*Foco do design: **Jogos como retórica cultural e Jogos como resistência cultural*** (Capítulos 30, 32 do volume 4 – Cultura)

Descrição: Cada aluno ou grupo recebe um bilhete de loteria do tipo "raspadinha" como ponto de partida. Por meio de uma análise da retórica ideológica implícita no jogo, os estudantes redesenham os elementos gráficos e formais do bilhete com o objetivo de subverter a retórica. Como parte do exercício de design, os alunos também podem reformular o contexto arquitetônico e social em que o jogo é jogado. Uma terceira variante solicita aos alunos para selecionar uma retórica cultural que esteja em contradição com a retórica existente de uma loteria (como selecionar Progresso em oposição ao Destino). Os alunos, em seguida, redesenham o sistema de informação do jogo para criar atrito entre as duas ideologias concorrentes.

Análise

Além de criar e modificar jogos, é extremamente importante que os estudantes de design de jogos joguem muitos e muitos jogos. Os alunos devem jogar todos os tipos possíveis de jogo, digitais e não digitais, contemporâneos e históricos, obras-primas e os de má qualidade. Estudantes de design de jogos jogam esses jogos para desenvolverem uma consciência histórica e um senso crítico sobre os tipos de jogos que já foram projetados, para aprenderem como os jogos funcionam a fim de criar experiências, e para descobrir o que funciona e o que não funciona nas escolhas de design especiais.

Toda vez que os alunos jogam um jogo, eles devem analisá-lo. A análise pode assumir a forma de uma discussão informal ou ser um ensaio escrito formal. As análises escritas podem variar desde artigos breves, de três páginas, a teses de pesquisa maiores. As análises escritas são particularmente úteis para aguçar o pensamento crítico do aluno, mas devem ser dadas com um claro enfoque conceitual, ou correm o risco de se tornar uma longa "resenha de filme" descritiva do jogo favorito de um aluno. Cada esquema neste livro fornece uma estrutura altamente específica para direcionar uma análise.

Análise cibernética
Foco do design: **Jogos como sistemas cibernéticos** (Capítulo 18 do volume 2 – Regras)
Descrição: A ênfase dessa análise está em identificar ciclos de feedback cibernético dentro da estrutura formal de um jogo. Os alunos devem escolher um jogo e encontrar pelo menos um ciclo de feedback que contribui para o sistema global do jogo. Os alunos também devem identificar o sensor, comparador e atuador no ciclo e se o ciclo tem feedback positivo ou negativo. Outras questões para análise incluem: Como o ciclo de feedback afeta a experiência de interação do jogo global? O que aconteceria se ele fosse retirado do jogo? Como as regras poderiam ser mudadas para exagerar os efeitos do ciclo de feedback? Como um ciclo de feedback diferente poderia melhorar ainda mais o jogo?

Análise narrativa
Foco do design: **Jogos como interação lúdica narrativa** (Capítulo 26 do volume 3 – Interação Lúdica)
Descrição: Os alunos escolhem um jogo e o estudam como um sistema de representação narrativa. Eles devem identificar os elementos da narrativa incorporada e emergente, bem como discutir as diferentes formas de descritores narrativos usados pelo jogo. Por exemplo, que papel o cenário, a trama e o personagem desempenham? E o que dizer do design visual, do título do jogo e da construção espacial do mundo do jogo?

Análise da interação social
Foco do design: **Jogos como experiência social** (Capítulo 28 do volume 3 – Interação Lúdica)
Descrição: Utilizando conceitos do esquema sobre interação social, os alunos analisam um jogo. Eles devem identificar pelo menos dois dos seguintes fenômenos de interação social em sua função e descrever como esses elementos contribuem para criar uma interação lúdica significativa (*meaningful play*): Os papéis do jogador, a comunidade de jogadores, o mecanismo social central, o metajogo, a interação proibida (*forbidden play*).

Análise do ambiente cultural
Foco do design: **Jogos como ambiente cultural** (Capítulo 33 do volume 4 – Cultura)
Descrição: Para esse exercício, os alunos escolhem um jogo que torna indefinidas as fronteiras do círculo mágico para funcionar como um ambiente cultural. A análise deve abordar os seguintes tipos de pergunta: Que narrativa social, arquitetônica, ou outros aspectos do jogo se sobrepõem com o mundo fora do círculo mágico? Como a indefinição da fronteira suporta uma interação lúdica significativa (*meaningful play*)? De que forma a estrutura formal

Leitura complementar

do jogo mantém o jogo sob controle? Que retóricas culturais são refletidas ou transformadas pela interação do jogo?

The Well-Played Game: A Player's Philosophy, de Bernard DeKoven

Como o ex-diretor da New Games Foundation, Bernard DeKoven gasta incontáveis horas no design da interação lúdica e dá uma visão geral de uma ideologia de interação lúdica que se concentra em dar aos jogadores o poder de influenciar suas próprias experiências redefinindo as regras, ajudando outros a jogar e inventando novos jogos. O livro é mais um primoroso texto filosófico do que um manual de design de jogos, mas nós o achamos tremendamente inspirador.

> ***Recomendados:***
> Capítulo 2: Guidelines
> Capítulo 3: The Play Community
> Capítulo 5: Changing the Game

The New Games Book, de Andrew Fluegelman e Shoshana Tembeck

Bíblia do New Games Movement, o *The New Games Book* ainda é uma leitura maravilhosa. O livro consiste basicamente em descrições de jogos, organizados pelo número de jogadores e grau de atividade. Alguns dos jogos da New Games são variações de designs clássicos, outros são notavelmente originais. Como um livro de referência bem elaborado para física e análise, *The New Games Book* é um recurso inestimável. O livro também traz alguns artigos.

> ***Recomendados:***
> "Creating the Play Community", Bernard DeKoven
> "Theory of Game Change", Stewart Brand

> ***Para exemplos de design iterativo:***
> The Player-Referee's Non-Rulebook
> New Volleyball

New Rules for Classic Games, de R. Wayne Schmittberger

Este livro está repleto do que exatamente o título sugere — versões redesenhadas de jogos como banco imobiliário, xadrez, damas e gamão. Algumas das variações mudam o número de jogadores, outras ajustam os materiais do jogo, e algumas apenas corrigem falhas de design dos jogos originais. Recurso fantástico para exercícios de modificação de jogos, o capítulo final recomendado abaixo lista sugestões para desenhar variantes de jogos existentes.

> ***Recomendado:***
> Capítulo 15: Creating Your Own Winning Variation

ENSAIO ENCOMENDADO 1

Reiner Knizia

Design e teste de um jogo de tabuleiro — Lord of the Rings

O design do jogo de tabuleiro Lord of the Rings jogo foi uma excelente oportunidade, mas também um desafio extraordinário. O poderoso épico de Tolkien de mais de mil páginas é amado por milhões de pessoas. Esse jogo atingiria um grande público, mas esse público tem grandes e muito específicas expectativas. O *briefing* que recebi da editora era conceber um jogo de família sofisticado de cerca de uma hora de duração. Mesmo que eu não pudesse cobrir toda a história, meu objetivo era ficar dentro do espírito do livro para que os jogadores experimentassem algo semelhante ao dos leitores do livro. Esses objetivos de design teriam muitas consequências para o design de jogos.

O processo de design

Não tenho um processo de design fixo. Muito pelo contrário, acredito que iniciar a partir do mesmo princípio em geral leva ao mesmo fim. Encontrar novas formas de trabalho muitas vezes resulta em designs inovadores. Naturalmente, há sempre os ingredientes básicos da mecânica do jogo, materiais do jogo e o tema ou o mundo. Esses são bons pontos de ancoragem e em um design equilibrado essas dimensões se mesclam muito bem e se apoiam mutuamente. Além disso, existem algumas questões de design fundamentais sobre o ponto de vista do jogador: Quem sou eu? O que estou tentando alcançar? Quais são as minhas principais opções? Como faço para ganhar?

Nos estágios iniciais do design, muitas vezes fecho meus olhos e busco ver novos mundos, novos sistemas e materiais, procurando por um jogo emocionante. Tento desenvolver uma compreensão do que eu quero sentir quando eu jogo o jogo: a emoção e o suspense, a diversão, as escolhas, os desafios. Evidentemente, para o jogo de tabuleiro Lord of the Rings eu precisei desenvolver um profundo entendimento do mundo, dos temas subjacentes e das motivações dos personagens de Tolkien. Isso não era possível pela mera leitura do livro em si. Também precisei saber o que animava os fãs e o que estava no centro de suas discussões. Dave Farquhar, um amigo e analista regular de jogos, era um grande fã de Tolkien. Passamos muitas horas lendo página por página da história, discutindo sua relevância para o jogo. Obviamente não consegui expressar grande parte dos detalhes dos livros. Mas, o mais importante era o sentimento do mundo. O verdadeiro foco do livro não era a luta, mas os temas mais pessoais — o processo de autoconhecimento de cada personagem enquanto tentava superar as adversidades.

A história começa com os *hobbits* saindo de casa para se aventurar em terras desconhecidas. Decidi que cada jogador representaria um hobbit, auxiliado pelos personagens bons e os povos da Terra Média. Claro que a única chance deles era cooperar. Para fazer jus à obra de Tolkien, os jogadores teriam de jogar juntos. Essa estrutura tornaria o design de jogos bastante incomum. Mas as regras não poderiam simplesmente impor uma interação cooperativa: o sistema do jogo tinha de motivar intrinsecamente esse tipo de interação. Portanto, incorporei o inimigo mútuo dos hobbits, Sauron, no próprio sistema de jogo. Mesmo os jogadores mais competitivos logo perceberiam que o sistema de jogo lançava tantos perigos para os jogadores que eles naturalmente tinham de apoiar uns aos outros para manter uma frente forte contra o inimigo comum.

Em contraste com um livro, um jogo deve ser capaz de ser jogado muitas vezes, proporcionando cada vez mais emoção. Como o enredo já seria conhecido por muitos dos jogadores, mas não por todos eles, o jogo teria de funcionar e ter boa interação, independentemente do conhecimento dos jogadores do mundo de Tolkien. Outra consideração importante foi a aparência física do jogo e sua apresentação gráfica. O *Senhor dos Anéis* é repleto de atmosferas, e tem sido fonte de inspiração para belas ilustrações. John Howe, um artista famoso de Tolkien, foi contratado para fazer as ilustrações, e eu quis lhe dar muitas oportunidades para enriquecer o jogo e estimular os fãs de Tolkien com efeitos visuais poderosos. Além disso, o preço de varejo e a forma quadrada da caixa iria influenciar os componentes que eu poderia usar.

Roteiro do sistema de jogo

Considerando-se o desafio de destilar uma história épica em um jogo, comecei a desenvolver uma abordagem geral que chamo de "roteiro do sistema do jogo". Essencialmente, esse é um método de destilar as partes-chave de uma história e apresentá-las na forma de jogo. Esse método permite que episódios sejam ligados em um enredo que condensa algumas partes, mas expande as aventuras fundamentais que os participantes vão jogar em detalhes.

Aplicando essa aproximação com o Lord of the Rings, jogo de tabuleiro, imaginei um "tabuleiro de resumo", mostrando o progresso global da viagem dos jogadores, e uma linha de corrupção para visualizar o crescente poder de Sauron. Abaixo haveria vários "tabuleiros de aventuras" mais detalhados e muito bem feitos nos quais os episódios-chave seriam reproduzidos em ordem sequencial. Esses tabuleiros refletiriam o sabor dos episódios particulares por meio de eventos temáticos e a interação aconteceria em caminhos de ações e feitos representando a luta, o movimento, o esconderijo ou a amizade. O tabuleiro de cada cenário teria um caminho principal que forneceria a rota mais importante pelo cenário e mediria o progresso geral dos jogadores. Escudos, representando pontos de vitória, seriam geralmente adquiridos no caminho principal.

Para evitar que os jogadores se concentrem meramente na rota principal e movam-se rapidamente pelo cenário, as valiosas fichas de vida, recursos e aliados aparecem nas trilhas menores. Um cenário pode ser concluído de duas maneiras, por completar a pista principal, ou porque os acontecimentos seguiram seu curso e ultrapassaram os jogadores, geralmente com consequências graves. Para criar mais impasses, os jogadores precisariam completar os cenários com três fichas de vida (uma de cada tipo) ou seriam empurrados ao longo da linha da corrupção no quadro de resumo na direção de Sauron.

A linha de corrupção foi desenhada como a principal pressão sendo aplicada aos jogadores. Suas criaturas hobbit começariam no "final da luz" com Sauron iniciando no "final da escuridão". Conforme o avanço do jogo, os eventos lançariam os hobbits para o escuro, enquanto Sauron se moveria na direção deles. Se Sauron encontrasse um hobbit, esse jogador seria eliminado do jogo e todos os seus recursos seriam perdidos. Ainda pior, se o hobbit que possuísse o Anel Um fosse capturado por Sauron, o jogo acabaria com derrota para todos os jogadores. Embora os jogadores pudessem sacrificar tempo e recursos para voltar à luz, Sauron jamais recuaria. Então, no decorrer do jogo, os jogadores acabariam gradualmente caindo no escuro, criando uma sensação de claustrofobia e iminente destruição, exatamente como no livro.

Os hobbits de Tolkien raramente tinham o controle da situação. Para refletir isso, introduzi um baralho de cartas geral com uma série de eventos que influenciavam os jogadores diretamente, criando uma pressão de tempo significativa nos cenários de aventura individual. O baralho de eventos simplesmente desencadearia o próximo evento, mas os acontecimentos em si seriam diferentes em cada cenário, refletindo o tipo específico do episódio. Embora os jogadores soubessem que eventos poderiam acontecer em cada cenário, eles não sabiam quando ocorreriam.

A interação de todos esses sistemas de jogo criaria muitas ameaças, operando de maneira diferente toda vez que o jogo fosse jogado, e criando oportunidades para discussão e planejamento. Muitas opções táticas iriam se apresentar e levar a uma rica interação entre os jogadores. Os jogadores, trazendo diferentes personalidades e estilos de jogo à mesa, teriam de se unir e realmente colaborar uns com os outros. Isso criaria uma sensação semelhante à do livro — o jogo não só recontaria o enredo de Tolkien, mas, sobretudo, faria com que os jogadores sentissem as circunstâncias emocionais da história.

Teste de jogabilidade (*playtest*)

Minha técnica preliminar do design é criar um primeiro jogo na minha mente e então jogá-lo repetidamente. Isso pode continuar por várias semanas. Quando sinto que preciso de uma experiência prática de jogo, finalmente construo o primeiro protótipo e o jogo com meus grupos de teste. A decisão de entrar no estágio de protótipo é crucial. Avançar cedo demais sem um claro conceito desperdiça muito tempo, pois é bem mais simples mudar as coisas na mente do que em um protótipo físico. Avançar tarde demais pode não revelar as fraquezas do design com antecedência suficiente e pode exigir um completo redesign.

Uma vez que o conceito inicial está devidamente elaborado, o teste de jogabilidade (*playtest*) torna-se a atividade central do desenvolvimento do jogo. A diversão e a emoção de jogar não podem ser calculadas de forma abstrata: isso deve ser vivido. Preparo cada uma das minhas sessões de teste de jogabilidade em grande detalhe, planejo as questões exatas que eu quero monitorar e testar. Durante o jogo, registro dados relevantes sobre o fluxo do jogo. Em seguida, analiso os resultados e faço as mudanças necessárias ou exploratórias. Isso torna-se a preparação para a sessão de teste de jogabilidade seguinte, durante a qual posso descobrir como as mudanças afetarão o jogo. O processo iterativo continua normalmente por muitos meses, às vezes anos. Com analistas de jogos experientes, gastamos muito tempo após cada teste, discutindo como ele foi — o que funcionou e o que não funcionou. Em geral, fazemos mudanças imediatas e jogamos novamente.

A primeira fase de prototipagem do Lord of the Rings, jogo de tabuleiro, foi preparar apenas um cenário e ver o desempenho do sistema básico. Foi algo natural escolher o primeiro cenário pretendido, a partida de Bolsão e a jornada para Bri. O primeiro teste geralmente traz muitas surpresas. É uma verificação em que minha imagem mental do jogo é comparada ao que acontece com pessoas reais. O primeiro protótipo foi logo estendido pelos dois próximos cenários, levando-nos até Valfenda.

Inicialmente, antecipei que o jogo abrangeria oito ou dez cenários, mas isso foi um grande erro de cálculo. Muito em breve ficou evidente que o jogo estava ficando longo demais; até o final da primeira hora, em vez de escalar a Montanha da Perdição estávamos apenas chegando em Valfenda. Percebi que precisava me concentrar nos episódios centrais da história de Tolkien e, como consequência, nenhum dos três primeiros cenários foi realizado no Base Game (embora, posteriormente, eu tenha trazido de volta a viagem para Bri na primeira expansão).

Selecionei quatro episódios principais da história: Moria, Helm's Deep, Shelob's Lair e Montanha da Perdição, e criei tabuleiros de cenário correspondentes. Esses cenários foram conectados ao tabuleiro de resumo com pequenos episódios em Rivendell e Lothlorien. Joguei inúmeras vezes com meus grupos de teste de jogabilidade a maior parte do ano, geralmente três ou quatro sessões de *playtest* por semana com mudanças entre cada sessão. Além disso, dei a Dave Farquhar uma cópia de teste para usar com outros testadores e produzi ainda mais resultados dos testes de jogabilidade. Muitos detalhes foram analisados para cada tabuleiro, incluindo a posição dos hobbits e de Sauron na linha de corrupção, cartas e escudos mantidos por cada jogador; desenhos foram feitos e várias partidas foram jogadas.

Um dos princípios vitais do bom teste de jogabilidade é explorar de modo abrangente todas as estratégias e estilos de jogo possível. Um erro frequente cometido por designers inexperientes é desenvolver um jogo para apenas um único grupo de teste. Naturalmente, para ser bem-sucedido, um jogo deve recorrer a muitos tipos diferentes de jogadores. Deve ser robusto e empolgante em muitos níveis, para jogadores casuais, bem como para jogadores experientes. Minha abordagem básica no Lord of the Rings, jogo de tabuleiro, foi a de oferecer aos jogadores recursos abundantes, mas limitados.

Em geral, iniciantes gastam esses recursos livremente, avançando com otimismo pelo jogo até que os recursos se tornam escassos e eles sucumbem a Sauron. Com mais experiência, os jogadores percebem que os recursos gastos no início do jogo terão graves consequências no futuro. Jogadores preveem futuras ameaças e armadilhas, e as discussões se concentram muito mais em estratégia e risco. Quanto mais o jogo avança, mais apreensivo você fica, e maior é a necessidade de os jogadores cooperarem estrategicamente. Como o livro, o jogo oferece uma jornada de crescimento pessoal. No jogo, você tem a vantagem de poder jogar repetidamente e ficar cada vez melhor.

Mais mudanças

Gosto que meus designs de jogos comecem com conceitos elaborados e muitos recursos e, posteriormente, passo a simplificar o jogo, mantendo apenas as melhores partes do design. Acho esse processo mais fácil do que tentar enxertar elementos adicionais mais tarde; e no geral, isso me levou a vários designs de jogos satisfatórios.

Além de identificar as características mais interessantes e as regras mais intuitivas, um foco importante de jogar continuamente foi equilibrar o jogo. Cada jogo deve terminar de modo diferente, mas todos os jogos devem apresentar praticamente o mesmo grau de dificuldade. A sorte não deve tornar um jogo fácil demais nem muito difícil. Cada um dos tabuleiros de aventura exigiu equilibrar o fluxo de eventos necessários para fornecer um desafio cada vez maior. Se os eventos ocorressem cedo demais, os jogadores minariam seus recursos e se encontrariam em dificuldades para seguir adiante. Os eventos-chave incentivaram as pessoas a continuar pelas diferentes faixas, dando-lhes escolhas importantes sobre como proceder. O jogo também teve de ser equilibrado para variar o número de jogadores. Caso contrário, poderia tornar-se substancialmente mais fácil quanto mais jogadores fizessem parte, porque teriam mais recursos entre eles. Ou talvez fosse mais difícil com mais jogadores, já que seria preciso tomar conta de cada personagem.

Dois outros desafios temáticos surgiram durante o teste. Primeiro, eu queria trazer Gandalf mais integralmente para dentro o jogo e, segundo, eu queria dar às fichas de escudo um propósito diferente do que meramente medir pontos de vitória. Muitas vezes acho mais difícil resolver um único problema de design do que tratar dois ao mesmo tempo. Um único problema permite muitas soluções possíveis e, sendo perfeccionista, para mim é difícil identificar uma única "melhor" solução. Ao olhar dois problemas de uma vez, uma solução comum muitas vezes aparece mais facilmente. Nesse caso, introduzi um baralho de Gandalf contendo cartas de poder que os jogadores podiam comprar utilizando os escudos.

Isso também ilustra outro princípio importante do projeto do jogo. Resolver um problema de design específico não deve apenas abordar a questão isoladamente, mas deve, idealmente, contribuir para o jogo em geral. Isso diferencia uma correção de jogo de um recurso de jogo e, claro, os jogos nunca devem usar correções. As cartas de Gandalf são um ótimo recurso de jogo, porque permitem aos jogadores fazer escolhas mais táticas e ajudam a equilibrar o jogo. Os jogadores podem decidir manter seus escudos para conseguir uma pontuação maior, ou os "investir" para ganhar recursos mais poderosos ou superar um obstáculo. E, naturalmente, diferentes jogadores podem preferir diferentes abordagens e precisam chegar a um consenso.

Inicialmente, eu havia concebido o jogo para 3-5 jogadores, mas, enquanto eu acompanhava os resultados, eu me perguntava se não seria melhor ter apenas dois jogadores. Costumo primeiro ter de 2 a 4 ou 3 a 5 jogadores, para satisfazer as exigências do mercado. Quando tenho um design estável, então posso pensar se aumento ou não o número de jogadores por meio de mudanças de design menores. Resultados dos testes iniciais com o jogo confirmaram que a versão de dois jogadores era praticável, mas muito fácil de ganhar. Em resposta, decidi reduzir o número de cartas de recurso dado a dois jogadores em Rivendell e Lothlorien.

Um efeito colateral de todos os testes foi que o jogo estava sendo otimizado para jogadores experientes, então jogadores novos o consideravam difícil demais. Na definição das variáveis finais, levei isso em conta. Nunca se esqueça do seu público-alvo! Por razões de confidencialidade, costumo manter o teste dentro dos meus próprios grupos, mas esse jogo era tão incomum que precisei confirmar mais uma vez como o público reagiria a ele. Assim, organizamos sessões de teste separadas, algumas com jogadores e outras com não jogadores. Às vezes, grupos de não jogadores foram melhores do que os de jogadores! Então, sabíamos que tínhamos o que queríamos.

O trabalho de design nunca termina

Após dezoito meses, o design foi concluído e entregue ao editor. Mas o processo de design continuou. Nove meses depois, em outubro de 2000, o jogo foi lançado no mercado. Um ano depois, em outubro de 2001, veio a primeira expansão, *Friends & Foes,* com dois tabuleiros de cenário novos e um elemento de jogo inteiramente novo de 30 inimigos. Exatamente um ano depois, a segunda expansão, chamada *Sauron,* permitiu um jogador assumir o papel de Sauron e liderar ativamente as forças das trevas contra os hobbits. Hoje, o Lord of the Rings, jogo de tabuleiro, está disponível em 17 idiomas em todo o mundo, com vendas superiores a um milhão de cópias.

Reiner Knizia

Reiner Knizia nasceu na Alemanha e hoje vive no Reino Unido desenhando jogos de tabuleiro e jogos de cartas premiados. Entre suas ocupações anteriores, estão a atividade como professor de matemática e diretor de planejamento estratégico em importantes bancos alemães. Reiner é um dos designers de jogos mais prolíficos e respeitados da atualidade, com mais de 200 jogos publicados e vários livros sobre jogos e design. Os jogos incluem Lord of the Rings, Taj Mahal, Safari e Lost Cities.

Volume 1: **Principais conceitos**

Capítulo 3: Interação lúdica significativa

Capítulo 4: Design

Capítulo 5: Sistemas

Capítulo 6: Interatividade

Capítulo 7: Definindo jogos

Capítulo 8: Definindo jogos digitais

Capítulo 9: O círculo mágico

Capítulo 10: Os esquemas primários

Jogo encomendado: Richard Garfield

Aquele que espera aprender a arte do jogo com livros logo descobrirá que apenas os movimentos de abertura e encerramento do jogo admitem uma descrição sistemática completa; e que a infinita variedade de movimentos que se desenvolvem a partir da abertura desafia qualquer tentativa de descrevê-lo; a lacuna deixada nas instruções só pode ser preenchida pelo criterioso estudo de jogos disputados por mãos de mestres.

— **E. M. Avedon**, *The Study of Games*

Como o jogo acontece?

Como é que um jogo de tabuleiro e um par de dados, um programa de game em um disco rígido, um jogo de beisebol, um bastão e uma área vazia de alguma forma se ramificam na experiência de jogar — uma experiência de infinito prazer e uma variedade que desafia a tentativa de descrevê-lo? O que são jogos? O que é o design de jogos? E como projetamos uma interação lúdica significativa? Neste volume, começamos a responder a essas perguntas esclarecendo alguns conceitos fundamentais que permeiam nosso estudo. Depois de observarmos atentamente o conceito de *interação lúdica significativa* ou *jogo significativo* (*meaningful play*), apresentamos três ideias inter-relacionadas — *design, sistemas* e *interatividade* — que nos levam diretamente a uma definição de *jogos* e *design de jogos*. Esses conceitos fundamentais são a base essencial para qualquer entendimento de design de jogos e interação lúdica significativa.

```
reserved.
ZORK is a registered trademark of Infocom, Inc.
Revision 88 / Serial number 840726

West of House
You are standing in an open field west of a white house,
with a boarded front door.
There is a small mailbox here.

>open mailbox
Opening the small mailbox reveals a leaflet.

>take leaflet
Taken.

>read leaflet
"WELCOME TO ZORK!

ZORK is a game of adventure, danger, and low cunning. In
it you will explore some of the most amazing territory
ever seen by mortals. No computer should be without one!"


>
```

INTERAÇÃO LÚDICA SIGNIFICATIVA

significado
escolha planejada
ação
resultado
discernibilidade
integração

3

Basta observar cães jovens para ver que todos os elementos essenciais do jogo humano estão presentes em suas divertidas brincadeiras. Convidam uns aos outros para brincar com certo cerimonial de atitudes e gestos. Mantêm a regra de que não se deve morder, ou pelo menos não morder com força, a orelha do amigo. Fingem estar muito zangados. E o mais importante em todas essas ações é que eles simplesmente se divertem muito. Essas traquinagens dos cães jovens são apenas uma das formas mais simples de jogo entre animais. Existem outras formas muito mais desenvolvidas: competições regulares e belas performances perante um público de admiradores.

Aqui, de imediato, temos um ponto muito importante: mesmo em suas formas mais simples no nível animal, o jogo é mais do que um mero fenômeno fisiológico ou um reflexo psicológico. Ele vai além dos limites da atividade puramente física ou puramente biológica. É uma função significativa — isso quer dizer, há algum sentido nele. No jogo, existe alguma coisa "em jogo" que transcende as necessidades imediatas da vida e dá sentido à ação. Todo jogo significa alguma coisa.

— **Johann Huizinga,** Homo Ludens

Introdução à interação lúdica significativa

Johann Huizinga é um dos maiores estudiosos de jogos do século 20. Seu livro inovador, *Homo Ludens,* é uma investigação original sobre o papel do jogo na civilização humana. O título é uma brincadeira com *Homo Sapiens* e se traduz como *Homem Jogador.* De acordo com Huizinga, brincadeiras e jogos, que têm sido difamados na história recente como triviais e fúteis, estão, na verdade, bem no centro do que nos torna humanos. "O jogo é mais antigo que a cultura", como diz Huizinga, e *Homo Ludens* é uma celebração do jogo que liga a natureza combativa e visceral da competição diretamente à guerra, à poesia, à arte, à religião e outros elementos essenciais da cultura. *Homo Ludens* é, em muitos aspectos, uma tentativa de redefinir e elevar a importância do jogo.

A visão de jogo de Huizinga oferece um excelente ponto de partida para o desenvolvimento do conceito de interação lúdica significativa. Começamos com uma leitura atenta de uma passagem da abertura de *Homo Ludens:*

> Ele [o jogo] é uma função significativa, ou seja, há algum sentido para ele. No jogo, existe alguma coisa "em jogo" que transcende as necessidades imediatas da vida e dá sentido à ação. Todo jogo significa alguma coisa.[1]

Huizinga enfatiza o fato de que todo jogo significa alguma coisa, que há "sentido" para o jogo, que ele transcende. A ideia de que "todo jogo significa alguma coisa" é uma afirmação maravilhosamente complexa que podemos interpretar de várias maneiras. De fato, todas as seguintes são possíveis leituras do texto:

- Huizinga diz que o jogo é uma *função significante.* Isto quer dizer que o jogo é uma força importante (e possivelmente não reconhecida) na cultura — que é significante da maneira como são a arte e a literatura? Ou será que ele quer dizer que o jogo *significa* — que é um ato simbólico de comunicação?

- Ele menciona que há *certo sentido* no jogo. Ele quer dizer que o jogo não é apenas caótico, mas é um evento que pode ser entendido e analisado se olharmos de perto o suficiente? Ou ele está insinuando que o sentido em si (o oposto do *nonsense*) é algo intrinsecamente relacionado ao jogo?

- Há uma afirmação complexa: *No jogo existe alguma coisa "em jogo".* Será que Huizinga quer dizer que há sempre alguma coisa mais profunda "em jogo", que constitui qualquer exemplo de jogo que observamos no mundo real? Ou que no jogo alguma coisa está sempre em movimento, nunca fixo, e em um constante estado de transformação?

- Essa qualidade "em jogo" do jogo *transcende as necessidades imediatas da vida.* A palavra "transcende" implica algo espiritual? Ou será que Huizinga simplesmente quer dizer que o jogo cria um espaço artificial além da vida cotidiana?

- A mesma característica "em jogo" do jogo *dá sentido à ação.* O fato de que o jogo está sempre "em jogo" refere-se ao significado da ação? Ou implica que o jogo deve ser entendido como um elemento de um sistema mais geral a partir do qual o significado se desenvolve?

- A passagem termina com a frase: *Todo jogo significa alguma coisa.* Mas, o que significa jogar? Para quem ou o que é significativo? Qual é o processo pelo qual o significado surge do jogo?

Essas são perguntas complexas e com diversas camadas, sem respostas definitivas. Em certo sentido, cada uma das interpretações feitas está implícita na afirmação de Huizinga e todas apontam para os principais aspectos do jogo e da participação do jogo na criação do significado. Essas importantes perguntas e suas possíveis respostas contêm todos os principais temas deste livro. Nas páginas que seguem, investigaremos as intrincadas relações entre design de jogos, jogo e significado.

Significado e interação lúdica

Significado, significado, significado. Se você repetir a palavra o suficiente, poderá praticamente atraí-la para o reino do puro *nonsense.* Uma vez que perguntar sobre o significado do significado pode rapidamente se transformar em uma discussão sem sentido, vamos estabelecer a conexão entre jogo e significado do modo mais simples que pudermos. No jogo Pong, por exemplo, o significado da interação entre jogador e jogo é mediado pelo jogo, desde o jogo de pixels que representa a bola, até o jogo de botões mecânicos controlando os dispositivos digitais e a força social competitiva do jogo entre os adversários. É por esses motivos e muitos outros que os designers de jogos devem preocupar-se com a relação entre significado e jogo.

Aprender a criar boas experiências de jogo para os jogadores — experiências que têm sentido e são significativas — é uma das metas do design de jogos bem-sucedido, talvez a mais importante. Chamamos esse objetivo de design de interação lúdica significativa (*meaningful play*), o conceito central da nossa abordagem. Esse conceito é tão fundamental para o restante deste capítulo que vamos nos repetir: *o objetivo do design de jogos de sucesso é a criação de uma interação lúdica significativa.* Interação lúdica significativa ou jogo significativo é o conceito que pode responder todas as perguntas "irrespondíveis" levantadas por Huizinga. É também um conceito que levanta questões próprias, desafiando as suposições que podemos ter sobre o papel do design na modelagem de jogos.

Uma das dificuldades na identificação da interação lúdica significativa nos jogos é a variedade quase infinita de formas que o jogo pode assumir. Eis alguns exemplos:

- o duelo intelectual em uma partida de xadrez.

- o balé e a improvisação em equipe do basquete.

- a mudança dinâmica das identidades individuais e comunitárias nos papéis on-line no jogo EverQuest.

- o invasivo jogo Assassin, jogado em um campus universitário.

O que todos esses exemplos têm em comum? Cada um situa a ação no contexto de um jogo. A ação não vem apenas do jogo em si, mas da maneira como os jogadores interagem com o jogo para jogá-lo. Em outras palavras, o tabuleiro, as peças e até mesmo as regras do xadrez não podem sozinhos constituir uma interação lúdica significativa. A interação lúdica significativa surge da interação entre os jogadores e o sistema do jogo, bem como do contexto em que o jogo é jogado. Compreender essa interação nos ajuda a ver exatamente o que está acontecendo quando um jogo é jogado. Uma forma de estabelecer o que os jogadores fazem quando jogam um jogo é dizer que eles estão fazendo escolhas.

Eles estão decidindo como mover suas peças, como mover seus corpos, quais cartas jogar, quais opções escolher, quais estratégias adotar, como interagir com outros jogadores. Eles ainda têm de fazer a escolha se devem ou não jogar!

Quando um jogador faz uma escolha em um jogo, a ação que resulta da escolha tem um desfecho. No xadrez, se um jogador move uma peça no tabuleiro, essa ação afeta as relações de todas as outras peças: uma peça pode ser capturada ou um rei pode de repente encontrar-se em xeque. Em Assassin, se um jogador persegue furtivamente seu alvo e consegue atirar nele com uma pistola de dardos, o jogo todo muda como resultado dessa ação: uma pontuação é marcada, a vítima está fora no resto do jogo e deve dar o nome do alvo *dela* para o jogador que acabou de eliminá-la. Em EverQuest, se você mobilizar e matar um monstro, as estatísticas e o equipamento do seu personagem poderão mudar; o mundo-jogo maior também é afetado, mesmo que isso signifique simplesmente que, no momento, há menos um monstro.

Jogar um jogo significa fazer escolhas e tomar medidas. Toda essa atividade ocorre dentro de um sistema de jogo projetado para apoiar tipos significativos de escolhas. Cada ação resulta em uma mudança que afeta o sistema global do jogo. Outra forma de dizer isto é que uma ação que um jogador toma em um jogo resulta na criação de novos significados no sistema. Por exemplo, depois de mover uma peça no xadrez, as relações recém-estabelecidas entre as peças de xadrez dão origem a um novo conjunto de significados — significados criados pela ação do jogador.

Dois tipos de interação lúdica significativa

Definimos a interação lúdica significativa de duas maneiras distintas, mas relacionadas. O primeiro sentido de interação lúdica significativa refere-se ao modo como as ações do jogo resultam no desfecho do jogo para criar um significado. Estabelecendo o conceito dessa forma, oferecemos a seguinte definição:

A *interação lúdica significativa* em um jogo surge da relação entre a ação do jogador e o desfecho do sistema; é o processo pelo qual um jogador toma medidas no sistema projetado de um jogo e o sistema

responde à ação. O *significado* de uma ação em um jogo reside na relação entre ação e resultado.

Pense na brincadeira informal conhecida no mundo anglo-saxão como "Gross-Out" (algo como "O rei da nojeira") que costuma ser jogada durante o intervalo do recreio entre crianças do ensino fundamental. Um por um, os jogadores contam uma história repulsiva, cada conto mais nojento que o último. Quando uma história termina, o grupo responde espontânea e coletivamente, confirmando ou negando a posição do jogador como mestre do playground, até uma história ainda mais nojenta ser contada.

Se observarmos o Gross-Out da perspectiva da interação lúdica significativa, veremos que um jogador toma uma ação contando uma história. O *significado* da ação, como um movimento em um jogo, é mais do que o conteúdo narrativo da história. É também mais do que a teatralidade utilizada para contar a história. O resultado da ação da narrativa depende dos outros jogadores e de suas próprias ações de votação. A interação lúdica significativa surge da ação coletiva dos jogadores contando histórias e dando notas. O *significado* da história, no sentido de interação lúdica significativa, não é apenas que Eric disse uma grande mentira sobre sua irmã mais velha comendo um besouro — é que a história de Eric venceu as outras e ele é agora o "Rei da Nojeira" indiscutível.

Esse modo de entender a interação lúdica significativa se refere à maneira como *todos* os jogos geram significado por meio do jogar. Cada jogo permite que os jogadores tomem ações e determinem resultados para essas ações. Por isso chamamos esta definição de interação lúdica significativa de *descritiva*, pois descreve o que acontece em cada jogo. Este é nosso primeiro entendimento do que é interação lúdica significativa.

Ao mesmo tempo, alguns jogos criam um jogo mais significativo que outros: o design de alguns jogos realmente gera experiências significativas para os jogadores, enquanto outros designs, menos felizes, resultam em experiências desapontadoras. Embora uma interação lúdica significativa seja um objetivo que nos esforçamos para alcançar em nossos jogos, por vezes não o entendemos direito. Assim, além de nossa compreensão descritiva da interação lúdica significativa, que descreve o que acontece em todos os jogos, precisamos de algo que nos ajude a ser mais seletivos na determinação de quando a interação lúdica significativa ocorre.

Este é o segundo sentido da interação lúdica significativa. Em vez de ser uma descrição da maneira como os jogos funcionam, refere-se ao objetivo do design de jogos bem-sucedido. Esse sentido de interação lúdica significativa é *avaliativo:* isso nos ajuda a avaliar criticamente as relações entre ações e resultados, e decidir se são significativos o suficiente no sistema projetado do jogo:

A interação lúdica significativa ocorre quando as relações entre ações e resultados em um jogo são *discerníveis* e *integradas* no contexto maior do jogo. Criar uma interação lúdica significativa é o objetivo do design de jogos bem-sucedido.

A palavra "significativo" neste sentido é menos sobre a construção semiótica do sentido (como o significado é criado) e mais sobre a experiência emocional e psicológica de habitar um sistema bem projetado de jogo. A fim de compreender por que alguma ação nos jogos é mais significativa que outras, precisamos entender os termos-chave na definição: *discernível* e *integrada*.

Discernível

Discernível significa que o resultado da ação do jogo é comunicado ao jogador de uma forma perceptível. A seguir, citamos um trecho de *Game Design: Theory and Practice*, em que Richard Rouse III salienta a importância de apresentar informações discerníveis para o leitor no contexto do mundo do jogo. Seu exemplo trata explicitamente dos jogos de computador, nos quais há uma necessidade óbvia de condensar grandes quantidades de dados em uma forma representativa que possa ser claramente comunicada ao jogador. Mas a ideia de resultados discerníveis se aplica a todos os jogos, digitais ou não. Rouse escreve:

> Considere um jogo de estratégia no qual o jogador tem um número de unidades espalhadas por todo um grande mapa. O mapa é tão grande que apenas uma pequena parte dele pode caber na tela de cada vez. Se um grupo de unidades do jogador ficar fora da tela e for atacado, mas o jogador não for informado disso pelo jogo, ele ficará irritado. Considere um RPG em que cada membro do lado do jogador precisa ser alimentado regularmente, mas o jogo não fornece nenhuma maneira clara de comunicar o quan-

to seus personagens estão com fome. Então, se um dos membros do seu lado de repente desmaiar de fome, o jogador ficará frustrado, e com razão. Por que o jogador tem que adivinhar uma informação assim tão crucial do jogo?[2]

Se você atirar em um asteroide durante um jogo de computador e o asteroide não mudar em nada, você não saberá se realmente o atingiu ou não. Se você não receber um feedback que indica que você está no caminho certo, a ação tomada terá muito pouco significado. Por outro lado, se você atirar em um asteroide e ouvir o som do impacto, o asteroide estremecer violentamente ou explodir (ou todos os três!), então o jogo comunicou de forma eficaz o resultado de sua ação. Da mesma forma, se você mover uma peça no tabuleiro, mas não tiver absolutamente nenhuma ideia se o movimento foi bom ou ruim, ou se ele o aproximou ou afastou da vitória — em suma, se você não sabe o significado da sua ação — então o resultado de sua ação não foi discernível. Cada um desses exemplos torna claro que, quando a relação entre uma ação e o resultado dessa ação não é discernível, a interação lúdica significativa é difícil ou impossível de alcançar.

A discernibilidade em um jogo permite que os jogadores saibam *o que* aconteceu quando eles tomaram uma ação. Sem discernibilidade, o jogador poderia muito bem estar aleatoriamente pressionando botões ou mostrando cartas. *Com* discernibilidade, um jogo possui um dos fundamentos da interação lúdica significativa.

Integrado

Outro componente da interação lúdica significativa requer que a relação entre a ação e o resultado seja *integrada* no contexto maior do jogo. Isso significa que uma ação que um jogador toma não só tem importância imediata no jogo, mas também afeta a experiência em um ponto mais adiante no jogo. O xadrez é um jogo profundo e significativo porque os delicados movimentos de abertura resultam diretamente nas complexas trajetórias do meio do jogo — e o meio do jogo desenvolve-se nos poucos e poderosos encontros do final do jogo. Qualquer medida tomada em um momento afetará as possíveis ações em momentos posteriores.

Imagine uma competição de atletismo com diversas modalidades esportivas, como o decatlo. No início da competição, os participantes fazem uma corrida. E se as regras da competição determinassem que vencer a corrida não teria nenhuma relação com a competição maior? Imagine o que aconteceria: os participantes fariam a corrida o mais devagar possível, tentando economizar energia para os outros eventos mais significativos. Por que eles deveriam fazer outra coisa? Embora um deles vença a corrida, esta não terá influência sobre a competição maior. Por outro lado, se os participantes receberem pontos de acordo com a classificação e esses pontos se tornarem parte de uma pontuação acumulada, então as ações e os resultados da corrida estarão bem integrados na competição inteira.

Enquanto a discernibilidade dos eventos do jogo informa aos jogadores *o que* aconteceu (*acertei o monstro*), a integração permite que os jogadores saibam *como* ela vai afetar o resto do jogo (*Se eu continuar a bater no monstro, vou matá-lo. Se eu matar monstros o suficiente, ganharei um nível.*). Cada ação que um jogador toma é tecida na trama maior da experiência geral do jogo: é assim que a ação de um jogo se torna realmente significativa.

A interação lúdica significativa pode ser percebida de várias maneiras, dependendo do design de um jogo em particular. Não existe uma fórmula única que funciona em todos os casos. No exemplo do jogo de tiro em asteroides, o retorno imediato e visceral foi necessário para tornar a ação discernível. Mas, também pode ser o caso em que, um jogo baseado numa história, os resultados de uma ação tomada perto do começo do jogo sejam apenas compreendidos totalmente bem no final, quando as implicações se manifestam de uma forma muito inesperada e dramática. Ambos os casos exigem abordagens diferentes para criar uma interação lúdica significativa.

A interação lúdica significativa envolve vários aspectos de um jogo simultaneamente, dando origem a camadas de significado que se acumulam e dão forma à experiência do jogador. A interação lúdica significativa pode ocorrer no nível formal e matematicamente estratégico de um único movimento no xadrez. Ela pode ocorrer em um nível social, quando dois jogadores usam o jogo como um fórum para uma comunicação significativa. E isso pode ocorrer em estágios maiores da cultura também, onde as partidas do campeonato de xadrez podem ser usadas como ocasiões para a propaganda política da Guerra Fria ou em debates filosóficos contemporâneos sobre os poderes relativos da mente humana e da inteligência artificial.

Os próximos três capítulos são elaborados sobre as muitas maneiras como os designers de jogo constroem espaços de interação lúdica significativa para os jogadores. Entre os muitos temas que poderíamos escolher, cobrimos três conceitos que formam vários blocos de construção fundamentais do design de jogos: *design, sistemas* e *interatividade.*

Notas

1. Johann Huizinga, *Homo Ludens: A Study of the Play Element in Culture* (Boston: Beacon Press, 1955), p. 446.

2. Richard Rouse III, *Game Design: Theory and Practice* (Plano, TX: Wordware Publishing, 2001), p. 141.

Interação lúdica significativa

Resumo

- Significado, jogar e jogos são conceitos intimamente relacionados. O objetivo do design de jogos bem-sucedido é a interação lúdica significativa.

- Há duas maneiras de definir uma interação lúdica significativa: **descritiva** e **avaliativa.** A definição descritiva aborda o mecanismo pelo qual todos os jogos criam significado por meio do jogo. A definição avaliativa nos ajuda a entender por que alguns jogos fornecem um jogo mais significativo do que outros.

- Definição **descritiva** da interação lúdica significativa: **a interação lúdica significativa** em um jogo surge da relação entre a ação do jogador e o desfecho do sistema; é o processo pelo qual um jogador toma medidas no sistema projetado de um jogo e o sistema responde à ação. O *significado* de uma ação em um jogo reside na relação entre ação e resultado.

- Definição **avaliativa** da interação lúdica significativa: **a interação lúdica significativa** é o que ocorre quando as relações entre ações e resultados em um jogo são discerníveis e integradas no contexto maior do jogo.

- **Discernibilidade** significa que um jogador pode perceber o resultado imediato de uma ação. **Integração** significa que o resultado de uma ação é tecido no sistema do jogo como um todo.

- As duas maneiras de definir uma interação lúdica significativa estão intimamente relacionadas. Criar jogos bem-sucedidos requer uma compreensão da interação lúdica significativa em ambos os sentidos.

DESIGN

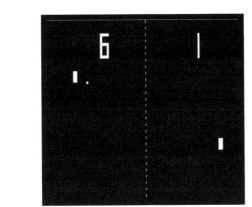

semiótica
sistema
signos
contexto
significado
representação

4

O design é a aplicação sucessiva de restrições até que reste apenas um produto.
— **Donald Norman**, The Design of Everyday Things

Introdução ao design

"Design" é metade do "design de jogos". Como conceito e como prática, a ideia de design fica no centro de uma exploração de jogos e interação significativa. Mas é difícil definir. Assim como o termo *jogo*, *design* é um conceito com vários significados: "Sua definição depende de o projeto ser considerado uma ideia, um conhecimento, uma prática, um processo, um produto ou até mesmo um modo de estar".[1] Na falta de um consenso, é possível, ou até necessário, oferecer uma definição geral de design? Qual é o próximo passo?

Poderíamos começar listando os tipos conhecidos de prática de design: design gráfico, design industrial, arquitetura, design de moda, design têxtil, planejamento urbano, arquitetura da informação, planejamento do projeto... a lista poderia continuar. Cada uma dessas práticas implica o "design" de algo, seja um objeto (como uma cadeira ou um tipo de letra), seja um plano (como um sistema de transporte ou um sistema de identidade). O que mais essas partes práticas têm em comum? Pessoas, é claro. Cada prática do design tem um ser humano em sua essência. Embora isso possa parecer óbvio, geralmente é uma característica básica negligenciada do projeto. Achamos que as pessoas são de particular importância para os designers de jogos, pois elas estão no coração dos jogos que criamos.

Algumas definições de design

Infelizmente, uma lista de práticas de design não nos aproxima de uma definição geral de design adequada ao nosso estudo de jogos. Para os precedentes de tais definições gerais, podemos ver a teoria do design como uma forma de mapear o território de possíveis abordagens. Reunimos uma série de definições em uma lista comparativa a fim de enfatizar suas diferenças.

> "A etimologia do design remonta ao latim *de + signare* e significa fazer algo, distinguir por um signo, dar um significado, designar sua relação com outras coisas, proprietários, usuários ou deuses. Com base nesse significado original, pode-se dizer: 'design é criar sentido (das coisas)'".[2] Essa definição coloca *criar* (sentido) no centro de design.
>
> Richard Buchanan argumenta que "o design se preocupa com a concepção e o planejamento de todos os exem-

plos do mundo artificial, do mundo criado pelo homem: signos e imagens, objetos físicos, atividades e serviços, sistemas ou ambientes."Tal perspectiva situa o design dentro do *artificial*.[3]

A definição de Herbert Simon enfatiza a *ação*, que está fundamentalmente relacionada com suas teorias da ciência da administração: "Todo designer que desenvolve percursos de ação visa transformar as situações existentes em preferenciais".[4]

John Heskett emprega uma definição mais tradicional, enfatizando o *aspecto visual* dos produtos como coisas: "design, a concepção da forma visual".[5]

A definição de George Nelson enfatiza o design como uma *comunicação:* "Cada projeto é, em certo sentido, uma comunicação social e o que importa é... a intensidade emocional com a qual os fundamentos têm sido explorados e expressos".[6]

Donald Schon se refere ao design como uma conversa material com as formas, substâncias e conceitos de um problema de design, como eles estão sendo usados. Sua abordagem de design é *baseada em processos* e *reflexiva*, enfatizando as qualidades iterativas do design. "Em um bom processo de design, essa conversa é reflexiva. . . o designer faz uma 'reflexão em ação' sobre a construção do problema, as estratégias de ação ou o modelo dos fenômenos, os quais estão implícitos em seus movimentos."[7]

O designer Emilio Ambasz dá uma descrição descritiva, mas intelectualmente poderosa, enfatizando o *pensamento* poético: "Sempre foi minha convicção profunda que a arquitetura e o design são atos criadores de mitos".[8]

O designer e historiador Clive Dilnot sugere que o design *se transforma* explorando a tensão entre o existente e o potencial. "O que o design, como um modo de ação transformadora, permite-nos ver é como negociamos os limites daquilo que entendemos, a qualquer momento, como o real. No design, em outras palavras, começamos a ver os processos pelos quais os limites do real são constantemente formados e reformados."[9]

Design como criação, o artificial, ação, aparência visual, comunicação, processo de reflexão; pensamento; transformação: cada definição oferece meios válidos e úteis de compreender a prática do design, focando em determinadas qualidades ou características. Tomadas como um todo, as definições apontam para uma gama de preocupações que afetam os designers e ajudam a colocar o campo do design como um todo em perspectiva. Mas o que é design de jogos? Existe uma definição que aborda determinado território do design de jogos, o design de jogos significativos? Para responder a essa pergunta, devemos fazer outra: O que é o "design" em *design de jogos* e como ele se relaciona com o conceito de interação significativa? Como resposta, oferecemos a seguinte definição geral:

Design é o processo pelo qual um *designer* cria um *contexto* a ser encontrado por um *participante*, a partir do qual *o significado* emerge.

Vejamos cada parte dessa definição em relação ao design de jogos:

- O *designer* é o criador de jogos individual ou a equipe de pessoas que cria o jogo. Às vezes, os jogos surgem da cultura popular ou da cultura de fãs, então pode não haver um designer individual ou uma equipe de design. Nesse caso, o designer do jogo pode ser considerado a cultura em geral.

- O *contexto* de um jogo assume a forma dos espaços, objetos, narrativas e comportamentos.

- Os *participantes* de um jogo são os jogadores. Eles habitam, exploram e manipulam esses contextos por meio de seu jogo.

- *Significado* é um conceito que já começamos a explorar. No caso dos jogos, interação significativa é o resultado de jogadores tomando ações no decorrer do jogo.

Essa conexão entre design e significado leva-nos de volta à análise anterior de interação significativa. Considere um jogo de pega-pega. *Sem* design, teríamos um campo de jogadores fugindo, tocando-se aleatoriamente, gritando, depois correndo em outra direção. *Com design*, temos uma experiência cuidadosamente elaborada e guiada por regras, que criam certas formas de interação explicitamente significativas. *Com* design, um toque se torna significativo como uma "pegada" e quem quer que seja o "Pegador" torna-se o terror do playground. O mesmo vale para os jogos de computador também. Como o designer de jogos Doug Church diz: "O design é o jogo; sem ele, você teria um CD cheio de dados, mas nenhuma experiência".[10]

Design e significado

Quando perguntamos o que algo "significa", em especial no contexto do design, estamos tentando localizar o valor ou a importância desse exemplo de design de uma forma que nos ajude a mostrar o sentido. Perguntas como "O que o uso de uma cor específica significa em um determinado produto?", "O que essa imagem representa?" ou "O que acontece quando eu clico na estrela mágica?", são todas perguntas de *significado*. Os designers estão interessados no conceito do significado por várias razões, nenhuma das quais é o fato de que o significado é um dos princípios básicos da interação humana. Nossa passagem pela vida de um momento para outro exige que compreendamos nosso ambiente — com o qual nos envolvemos, interpretamos e construímos significado. Esse movimento muito humano em direção ao significado constitui o núcleo da interação entre pessoas, objetos e contextos.

Considere o ato de cumprimentar um amigo na rua. Um aceno, uma saudação, um beijo na bochecha, um tapinha nas costas, um abraço caloroso, um aperto de mão firme e um soco leve no braço são formas de interação significando "Olá, meu amigo". Como participante desse cenário, temos de compreender o gesto e responder apropriadamente. Se não formos capazes de compreender a situação, não conseguimos entender o significado da interação. Os criadores de jogos, em particular, estão interessados no conceito de significado porque eles estão envolvidos na criação dos sistemas de interação. Então, esses sistemas dão origem a uma série de atividades de criação de significado, desde mover uma peça do jogo em um tabuleiro, até fazer uma aposta ou dizer "Olá, meu amigo" para os outros personagens on-line no mundo virtual de um jogo. Essa questão de como os usuários compreendem os objetos tem levado alguns designers, nos últimos anos, a emprestarem as visões e especializações de outros campos. Em particular, o campo da semiótica tem sido instrutivo. Semiótica é o estudo do significado e do processo pelo qual o significado é criado. Nas próximas páginas, faremos um pequeno desvio para a semiótica, a fim de construir com mais cuidado o nosso conceito de interação significativa.

Semiótica: Uma breve visão geral

É possível conceber uma ciência que estuda o papel dos signos como parte da vida... Vamos chamá-la de semiologia (do grego semeîon, "signo"). Essa ciência investigaria a natureza dos signos e as leis que os regem.

— **Ferdinand de Saussure**, Curso de Linguística Geral

A semiótica surgiu a partir dos ensinamentos de Ferdinand de Saussure, um linguista suíço, no início do século 20. Originalmente formulada sob o termo *semiologia,* a teoria da linguagem de Saussure como um sistema de signos mais tarde influenciou muitas correntes de pensamento, incluindo a antropologia de Claude Levi-Strauss, a filosofia de Jacques Derrida e a mitologia social de Roland Barthes.[11] Cada um desses escritores compartilhou um interesse em compreender como os produtos da cultura humana, desde as línguas até os rituais fúnebres e os jogos, poderiam produzir significado.

De um modo geral, a semiótica é o estudo de como os significados são criados. A questão do que os signos (*sinais*) representam ou denotam é uma preocupação central para o campo. Se um jantar da alta sociedade fosse concebido como um sistema semiótico, por exemplo, estaríamos interessados em compreender o significado dos diferentes elementos que o compõem. Poderíamos ver a forma como a mesa posta indica um espaço para comer. Poderíamos ver como a presença da porcelana fina ou talheres de prata representa a ideia de classe social, ou a representação do status na organização das cadeiras em volta da mesa. Podemos ver como o evento representa conceitos, tais como "elegância", "poder", "alta sociedade" ou "refeição requintada", ou referenciar a ideia de comer como uma atividade de sobrevivência, prazer sensual, ansiedade ou comunidade. Podemos até considerar o que o ato de assistir ao evento representa ou o que significa para aqueles que não foram convidados. Cada uma dessas perspectivas contribui para nossa compreensão do jantar como um sistema de significados, um sistema composto de signos que se referem a coisas que nos são familiares a partir do mundo "lá fora". Mas, o que queremos dizer quando dizemos "signo"?

Semioticamente falando, as pessoas usam *signos* para designar objetos ou ideias. Como um signo representa algo distinto de si mesmo, empregamos a *representação* como o *significado* do signo (sinal). O cheiro de fumaça (signo) representa o conceito de "fogo", por exemplo, ou a peça mais alta no xadrez denota o "Rei". No jogo pedra-papel-tesoura, uma mão estendida significa "papel", um punho fechado significa "pedra" e dois dedos em forma de V significa "tesoura". Nossa capacidade de compreender o que os *signos representam* está no centro dos estudos semióticos.

Da mesma forma, o entendimento de que os signos significam "algo para alguém" está no cerne de qualquer prática de design. Um designer gráfico, por exemplo, utiliza signos (caracteres/sinais) tipográficos (letras) que representam as palavras para criar um livro; um estilista usa a seda como um signo que representa a "beleza" ou a "feminilidade" em uma nova linha da primavera; um designer de jogos usa as classes Lutador, Feiticeiro, Ladrão e Sacerdote em um RPG de fantasia para designar quatro tipos de personagens em um jogo. Assim, os signos são a unidade mais básica do estudo semiótico e podem ser entendidos como marcadores de significado. Como observa David Chandler,

> Nós não vivemos e nos relacionamos com objetos físicos e eventos. Vivemos e nos relacionamos com sistemas de signos com significado. Não nos sentamos em uma complexa estrutura de madeira, sentamos em um banquinho. O fato de que nos referimos a ele como um BANQUINHO significa que é para sentar; não é uma mesinha de centro. Em nossas interações com outras pessoas, não usamos gestos aleatórios, mostramos nossa cortesia, prazer, incompreensão, desgosto. Os objetos em nosso ambiente, os gestos e as palavras que usamos derivam seus significados dos sistemas de signos aos quais eles pertencem.[12]

Quatro conceitos semióticos

O filósofo americano e estudioso da semiologia Charles S. Peirce define um signo como "algo que representa algo para alguém, em algum aspecto ou capacidade".[13] Essa definição ampla reconhece quatro ideias-chave que constituem o conceito de um signo:

1. Um signo representa algo diferente dele mesmo.

2. Os signos são interpretados.

3. O significado resulta quando um signo é interpretado.

4. O contexto forma a interpretação.

Um signo representa algo diferente dele mesmo

Um signo representa algo diferente dele mesmo; "significa alguma coisa". A marca de um círculo (O) no jogo da velha, por exemplo, representa não apenas uma ação do jogador "O" (em oposição ao jogador "X"), mas também a captura de certo quadrado na grade de nove quadrados do jogo. Ou considere a interação entre dois jogadores no jogo Assassin. Um toque no braço pode representar "morte" ou "captura", dependendo das regras do jogo. Em ambos os casos, o toque é significativo para os jogadores como algo diferente de outro toque qualquer.

Esse conceito de um signo que representa algo distinto de si mesmo é fundamental para a compreensão dos jogos por várias razões. Por um lado, os jogos usam signos para indicarem ação e resultado, dois componentes da interação significativa. As marcas de um "X" ou "O" no jogo da velha ou os toques nos braços dos jogadores em um jogo Assassin são ações ligadas a determinados resultados; essas ações ganham sentido como parte de sequências maiores da interação. Essas sequências são, por vezes, referidas como "cadeias de significantes", um conceito que chama a atenção para a importância das relações entre os signos em qualquer sistema de signos.

Por outro lado, os jogos usam signos para representar os elementos do mundo do jogo. O universo de Mario, por exemplo, é construído com um sistema de signos que representam moedas mágicas, estrelas, tubulações, inimigos, plataformas escondidas e outros elementos da paisagem do jogo. Os signos que compõem o mundo do jogo representam coletivamente o mundo para o jogador — como sons, imagens, interações e texto. Embora os signos certamente façam referência a objetos que existem no mundo real, eles ganham seu valor simbólico ou significado com base na relação entre os signos no jogo. Podemos ilustrar a ideia de signos provenientes de significado *no* contexto de um jogo com um exemplo tirado da história do Scrabble.

No final de 1993, uma campanha foi iniciada contra a Hasbro, empresa que detém e distribui o Scrabble, solicitando que ela retirasse os insultos étnicos e raciais do *The Official Scrabble Players Dictionary* (OSPD). Esse manual de regras de palavras jogadas oficialmente ou "boas" continha, naquela época, palavras como "JEW", "KIKE", "DAGO" e "SPIC" (designações depreciativas e racistas, as duas primeiras dirigidas a judeus e as duas últimas a italianos). Como resultado da pressão da Liga Antidifamação e do Conselho Nacional de Mulheres Judias, a Hasbro anunciou que cinquenta a cem palavras "ofensivas" seriam retiradas do OSPD. Como Stefan Fatsis escreveu no *Word Freak: Heartbreak, Triumph, Genius, and Obsession in the World of Competitive Scrabble Players (Malucos por palavras: aflição, triunfo, genialidade e obsessão no mundo competitivo dos jogadores do Scrabble)*,

> A comunidade do Scrabble reagiu com raiva. Alguns jogadores, principalmente alguns cristãos devotos, apoiaram a decisão. Mas, uma grande maioria liderada por vários jogadores judeus acusou a Hasbro de censura. Palavras são palavras e bani-las de um dicionário não os faria parar, eles argumentaram. Além disso, os jogadores tentavam explicar, as palavras, como jogadas em um tabuleiro durante um jogo de Scrabble, são sem sentido. No âmbito limitado de marcar pontos, o significado de HONKIE ("branquelo"), considerado ofensivo no OSPD, não é mais relevante do que o significado de qualquer palavra obscura, mas comumente jogada.[14]

No contexto de um jogo de Scrabble, as palavras são reduzidas a sequências de letras — elas literalmente não têm significado como *palavras*. Pelo contrário, as letras são signos que têm valor como peças de um quebra-cabeça que devem ser cuidadosamente organizadas de acordo com as regras de ortografia. Assim, embora a sequência de letras H-O-N-K-I-E tenha sentido como um insulto racial *fora* do contexto de um jogo de Scrabble, *nele*, a sequência tem significado como seis letras que valem vários pontos no tabuleiro. No Scrabble, a cadeia de significantes representa palavras despojadas de tudo, exceto de suas relações sintáticas. Fora do Scrabble, no entanto, as palavras representam animosidade racial.

Ver as cadeias de significantes em um jogo significa dissecar o jogo para visualizar o sistema em um nível micro para saber como funcionam os mecanismos internos. Mas jogos inteiros também podem ser identificados como signos. Vê-los por uma macroperspectiva, em vez de micro, permite-nos olhar os jogos de fora, vendo-os como signos em sistemas maiores de signos. O jogo da velha, por exemplo, poderia ser visto como um signo que representa um jogo infantil, enquanto o jogo Assassin pode representar uma maldade na faculdade nos anos 80 ou o filme *A décima vítima,* que inspirou o jogo.

Os signos são interpretados

A definição de Peirce sugere que os *signos são interpretados*; eles representam algo *para alguém*. Foi uma das ideias fundamentais de Saussure que os significados dos signos chegam de forma arbitrária por meio da convenção cultural. A ideia de que o significado dos signos não repousa nos signos em si, mas no sistema em volta, é fundamental para o nosso estudo dos jogos. São as pessoas (ou os jogadores), afinal, que dão sentido aos signos. Como observa o semioticista David Chandler,

> Não há nenhuma razão necessária para que um porco deva ser chamado de porco. A sequência de sons "p-o-r-c-o" não soa nem cheira mais um porco do que a sequência de sons "b-a-n-a-n-a" parece, cheira ou tem o sabor de uma banana. É só porque nós, em nosso grupo idiomático, concordamos que é chamado de "p-o-r-c-o", que essa sequência de sons refere-se ao animal no mundo real. Você e seu círculo de amigos poderiam concordar sempre em se referir aos porcos como "squerdlishes" se quisessem. Contanto que haja um consenso geral, isso não é problema — até você começar a falar sobre *squerdlishes* para as pessoas que não compartilham a mesma convenção.[15]

O raciocínio de Chandler tem ressonância quando consideramos os jogadores como intérpretes ativos do sistema de signos de um jogo. Crianças que brincam de pega-pega durante o recreio podem mudar o signo para "pique" (lugar convencionado na brincadeira em que a criança está salva de ser pega) de jogo para jogo, ou mesmo no meio de um jogo, se as circunstâncias permitirem. Uma árvore no canto do recreio pode ser usada um dia ou uma pilha de pedras no outro. Apesar de um pique ter que possuir certas qualidades funcionais, tais como ser um objeto palpável ou um lugar, não há nada especial nas árvores ou nas pedras que as tornem o "pique", além da sua designação como tal pelos jogadores do jogo. Assim, os signos são essencialmente arbitrários e ganham valor por meio de um conjunto de convenções acordadas. Como "não há nenhuma equação simples do tipo signo = coisa entre os sistemas de signo e a realidade, nós somos os criadores ativos dos significados".[16]

O significado resulta quando um signo é interpretado

A definição de Peirce sugere que o significado resulta quando um signo é interpretado; um signo representa algo, para alguém, *em algum aspecto ou capacidade*. Embora isso possa parecer uma ideia óbvia, é importante notar, pois chama a atenção para o resultado do processo pelo qual os signos ganham valor em um sistema. Considere sentar-se para comer uma tigela de sopa em um jantar formal e encontrar um par de pauzinhos ao lado da tigela. Uma resposta seria ignorar os pauzinhos como um sinal/signo para "colher" e pedir ao garçom o talher que falta. Nesse cenário, estamos interpretando um conjunto de signos no sistema de signos que representam "talheres de sopa", do qual colheres — e não pauzinhos — fazem parte. Nesse sistema, o signo para colher tem valor, enquanto o signo para pauzinho, não.

Outro exemplo: Se o jogador A em um jogo de pedra-papel-tesoura mostrar três dedos em forma de "W", em vez de dois em forma de "V", ele falhou em criar um signo com valor ou significado na estrutura de signos pedra, papel, tesoura do jogo. O jogador B pode dizer: "O que é isso?", em uma tentativa de introduzir o signo com valor no sistema do jogo. Se o jogador A responder: "Tesoura", então o jogador B terá duas escolhas. Ele pode aceitar o novo signo como representativo da "tesoura" ou pode rejeitar a interpretação. Se ele aceitar a nova representação, os jogadores acrescentarão, de fato, um novo signo ao sistema; um signo de três dedos que agora significa "tesoura".

O contexto molda a interpretação

Contexto é um componente-chave da nossa definição geral de design. Ele também é um componente-chave na criação de significado. Design é "o processo pelo qual um *designer* cria um *contexto* a ser encontrado por um *participante*, a partir do qual *o significado* surge". Essa definição faz uma conexão explícita entre contexto e significado. Quando falamos de contexto na língua, estamos referindo-nos às partes de algo escrito ou falado que precede ou segue imediatamente a uma palavra ou uma passagem, servindo para esclarecer o seu significado. A frase "estou perdido", por exemplo, pode significar muitas coisas diferentes dependendo do contexto em que é usada. Se um jogador do jogo de aventura de texto Zork diz: "Estou tentando instalar o jogo e estou perdido", entendemos que ele está tendo dificuldade em entender as instruções de instalação do jogo. Se esse mesmo jogador dissesse: "Estou na segunda câmara e estou perdido", podemos afirmar que ele, na verdade, está jogando, perdeu-se e precisa de ajuda para navegar no espaço ficcional do jogo. Em cada caso, a frase "estou perdido" é o contexto dado pelas palavras que seguem.

Também podemos compreender o contexto em relação à ideia de *estrutura*, que em semiótica refere-se a um conjunto de regulamentos ou diretrizes que prescrevem como os signos ou elementos de um sistema podem ser combinados. Na língua, por exemplo, referimo-nos à estrutura como *gramática*. As regras gramaticais de uma sentença criam uma estrutura que descreve como as palavras podem e como não podem ser sequenciadas. Podemos referenciar essas regras como *estrutura invisível*, pois nem sempre estamos conscientes de que existem. Nos jogos, esse conceito de gramática assume a forma de regras do jogo, que criam uma estrutura para o jogo, descrevendo como todos os elementos do jogo interagem uns com os outros. A estrutura (na língua ou nos jogos) funciona de modo muito parecido com o contexto, e participa do processo de construção do significado. Ordenando os elementos de um sistema de formas muito específicas, a estrutura trabalha para criar significado. O teórico da comunicação David Berlo usa o seguinte exemplo para explicar como a estrutura apoia a interpretação:

Estrutura:

A maioria dos smoogles tem comcom

Não sabemos o que são smoogles e comcom, mas ainda sabemos algo sobre eles: sabemos que um smoogle é algo contável e pode ser referido no plural, ao contrário, digamos, de água ou leite. Sabemos que smoogles é um substantivo e não um verbo. Sabemos que mais de um smoogle é referido nesta sentença. Sabemos que comcom é um substantivo e que é uma qualidade ou uma coisa que a maioria dos smoogles diz ter. Nós ainda não sabemos o que é referido, mas as propriedades formais da gramática inglesa já nos forneceram uma série de informações.[17]

Embora a estrutura de qualquer sistema forneça informações que apoiam a interpretação, o contexto basicamente forma o significado. No exemplo a seguir, Berlo mostra como a estrutura e o contexto trabalham em conjunto para ajudar na interpretação:

Contexto

Meu gyxpyx está quebrado

Com base na estrutura da linguagem, você sabe que gyxpyx é um substantivo. Você sabe que faz sentido se referir a ele como quebrado.

Uma de suas teclas está presa

Agora, estamos chegando um pouco mais perto — um gyxpyx talvez seja uma máquina de escrever, calculadora ou um instrumento musical; em qualquer caso, é algo que tem teclas.

e eu acho que também poderia resolver com uma nova fita

Bem, isso a segura bem. Ainda temos a pergunta sobre qual é a diferença entre uma máquina de escrever e um gyxpyx ou por que essa pessoa tem o estranho hábito de se referir a máquinas de escrever como gyxpyxes, mas podemos estar razoavelmente certos de que uma gyxpyx é algo como uma máquina de escrever.[18]

Berlo prossegue apontando que o significado que temos para gyxpyx vem em parte da estrutura. Sabemos que é um substantivo e que pode ser quebrado, que tem as teclas e uma fita. Mas a estrutura só pode nos levar em nossa busca por significado; o contexto deve ser frequentemente chamado para completar a investigação. Considere a experiência de jogar uma partida de Pictionary com os amigos. Grande parte da suposição que ocorre no início de uma rodada depende da estrutura para fornecer pistas. Um jogador tentando desenhar "Frankenstein" pode começar desenhando uma cabeça e olhos, como um meio de estabelecer a estrutura da forma humana. Essa estrutura ajuda os jogadores a fazer suposições, tais como "olhos", "rosto" ou "cabeça", mas logo fica claro que são necessárias mais informações. Em resposta, o jogador na prancheta pode começar a criar um contexto para a cabeça desenhando um corpo grande com braços estendidos de "zumbi", marcas de pontos representando cicatrizes cirúrgicas e uma bobina de Tesla faiscando ao fundo. Apesar de os jogadores não poderem inicialmente entender o que essas marcas representam (os pontos podem parecer apenas linhas rabiscadas), o contexto criado pelos outros elementos do desenho dão às marcas o significado que não teriam de outra forma. Uma vez que os jogadores reconhecem o contexto "zumbi" ou "monstro", os pontos se tornam "cicatrizes" e Frankenstein é trazido à vida.

Essa relação entre a estrutura, contexto e significado nos diz que o ato de interpretação está, em parte, no movimento entre as informações conhecidas e desconhecidas. Os jogadores do Pictionary, por exemplo, muitas vezes deparam com um signo para o qual eles não têm um significado (marcas de pontos) no contexto dos signos para os quais eles têm um significado (zumbi ou monstro). Os significados que são conhecidos e familiares geram outros significados, em virtude das relações formais entre os signos conhecidos e desconhecidos. Lembre-se de que os elementos reais que constituem a estrutura e o contexto são fluidos. O desenho de uma cabeça poderia agir como a estrutura no início do período de adivinhação (se ela for a primeira coisa desenhada), mas quando serve para ajudar a identificar os rabiscos, ela se torna parte do contexto.

Desenhar é criar *significado*. Um significado que pode estimular e inspirar. Um significado que se move, dança e joga. Um significado que ajuda as pessoas a compreender o mundo de novas maneiras. Os designers esculpem essas experiências de significado criando não apenas um significante isolado, mas construindo sistemas completos de peças interligadas. Como Saussure mostra, na língua, o valor de um signo surge em relação aos outros signos. Em Pedra-Papel-Tesoura, o conceito de "pedra" tem identidade apenas em oposição aos conceitos de "papel" ou "tesoura". O significado de um signo não reside no signo em si, mas com base no sistema circundante do qual ele faz parte. A interação significativa que você fornece para seus jogadores emerge do sistema projetado de um jogo — e como o jogo interage com sistemas sociais e culturais maiores. O que os designers de jogos projetam? *Sistemas*. Este é o conceito-chave que apresentaremos no próximo capítulo.

Notas

1. Alain Findeli, "Moholy-Nagy's Design Pedagogy in Chicago, 1937-46". In *The Idea of Design, A Design Issues Reader,* editado por Victor Margolin and Richard Buchanan (Cambridge: MIT Press, 1995), p. 29.

2. Klaus Krippendorff, "On the Essential Contexts of Artifacts or on the Proposition that 'Design is Making Sense (of Things)'". In *The Idea of Design, A Design Issues Reader,* p. 156.

3. Richard Buchanan, "Wicked Problems in Design Thinking". In *The Idea of Design, A Design Issues Reader,* p. 6.

4. Herbert Simon, *The Sciences of the Artificial* (Cambridge: MIT Press, 1968), p. 55.

5. John Heskett, *Industrial Design* (Nova York: Oxford University Press, 1980), p. 7.

6. Richard Buchanan, "Wicked Problems in Design Thinking". In *The Idea of Design, A Design Issues Reader,* p. 8.

7. Donald A. Schon, *The Reflective Practitioner: How Professionals Think in Action* (Nova York: Basic Books, 1983), p. 79.

8. Emilio Ambasz, *Emilio Ambasz: The Poetics of the Pragmatic* (Nova York: Rizzoli International Publications, 1988), p. 24.

9. Clive Dilnot, *The Science of Uncertainty: The Potential Contribution of Design Knowledge,* p. 65-97. Proceedings of the Ohio Conference, Doctoral Education in Design, 8-11 de outubro de 1998. Pittsburgh School of Design. Carnegie Mellon University.

10. Doug Church, "Formal Abstract Design Tools". <www.gamasutra.com>, 16 de julho de 1999.

11. Ellen Lupton and J. Abbott Miller, "Laws of the Letter". In *Design, Writing, Research: Writing on Graphic Design* (Nova York: Princeton Architectural Press, 1996), p. 55.

12. Daniel Chandler, *Semiotics for Beginners.* <www.aber.ac.uk/~dgc/semiotic.html>.

13. *Charles S. Pierce: Selected Writings,* ed. P.O. Wiener (Nova York: Dover, 1958), p. 37.

14. Stefan Fatsis, *Word Freak: Heartbreak, Triumph, Genius, and Obsession in the World of Competitive Scrabble Players* (Boston: Houghton Mifflin, 2001), p. 149.

15. Daniel Chandler, *Semiotics for Beginners.* <www.aber.ac.uk/~dgc/semiotic.html>.

16. Mick Underwood, CCMS. <http://www.cultsock.ndirect.co.uk/MUHome/cshtml/semiomean/ semio1.html>.

17. Ibid.

18. Ibid.

Design **Resumo**

- Há muitas definições gerais de design. Cada uma enfatiza diferentes aspectos da vasta gama de práticas de design.

- Nossa definição de design enfatiza a criação de uma experiência significativa:

  Design é o processo pelo qual um *designer* cria um *contexto* a ser encontrado por um *participante,* a partir do qual *o significado* emerge.

- **Semiótica** é o estudo do significado. Sua principal preocupação é a questão de como os signos representam, ou denotam.

- As pessoas usam **signos** para designar objetos ou ideias. Como um signo representa algo distinto de si mesmo, empregamos a *representação* como o *significado* do signo.

- Charles Pierce identifica quatro conceitos de semiótica:

  1. Um signo representa algo diferente dele mesmo.

  2. Os signo são interpretados.

  3. O significado resulta quando um signo é interpretado.

  4. O contexto forma a interpretação.

- Um signo representa algo diferente dele mesmo: Em um jogo, gestos, objetos, comportamentos e outros elementos agem como signos. No jogo Assassin, um toque indica "matar".

- Os signos são interpretados: Um signo representa algo *para alguém*. O significado surge em um jogo quando os jogadores assumem papéis ativos como intérpretes dos signos do jogo.

- O significado resulta quando um signo é interpretado: Um signo representa algo para alguém *em algum aspecto ou capacidade*. O significado de um signo surge das relações entre os elementos de um sistema.

- O contexto forma a interpretação: *Contexto* é o ambiente de um signo que afeta a interpretação. O fenômeno relacionado da *estrutura* também forma a interpretação. Estrutura é um conjunto de regras ou diretrizes que prescrevem como os signos podem ser combinados.

Regras do jogo | Salen e Zimmerman

SISTEMAS

5

objetos

atributos

relações internas

ambiente

sistemas abertos

sistemas fechados

O sistema é em parte uma memória do seu passado, assim como, no origami, a essência de um pássaro ou um cavalo está na natureza e na ordem das dobras feitas. A pergunta que deve ser respondida quando confrontados com um problema de planejamento ou design de um sistema é: o que é exatamente o sistema? Portanto, é necessário conhecer a natureza da estrutura interna antes de poder fazer planos.

*— **Wolfgang Jonas**, "On the Foundations of a 'Science of the Artificial'"*

Basquete | | Go

Introdução dos sistemas

Os jogos são intrinsecamente sistêmicos: todos os jogos podem ser entendidos como sistemas. O que queremos dizer com isto? Vamos começar nossas investigações de jogos e sistemas vendo alguns entendimentos comuns da palavra "sistema".

Sistema

1. Um grupo de elementos que interagem, interligados ou interdependentes formando um todo complexo.

2. Um grupo de elementos relacionados funcionalmente, em especial:

   a. O corpo humano considerado como uma unidade funcional fisiológica.

   b. Um organismo inteiro, especialmente no que diz respeito aos seus processos ou funções vitais

   c. Um grupo de órgãos ou partes complementares fisiológica ou anatomicamente: o sistema nervoso; o sistema esquelético.

   d. Um grupo de componentes mecânicos ou elétricos que interagem.

   e. Uma rede de estruturas e canais, como para a comunicação, viagens ou distribuição.

3. Um conjunto organizado de ideias ou princípios inter-relacionados.

4. Uma forma organizacional social, econômica ou política.

5. Um grupo de ocorrência natural de objetos ou fenômenos: sistema solar.

6. Um conjunto de objetos ou fenômenos agrupados para uma classificação ou análise.

7. Uma condição de interação harmoniosa e ordenada.

8. Um método organizado e coordenado, um processo.[1]

Algumas dessas definições se concentram na ideia biológica ou natural da palavra "sistema" (2a, 2b, 2c, 5). Outros sistemas de referência mecânicos (2d) ou sistemas de transporte e comunicação (2e). Outros ainda concentram-se em significados sociais da palavra (4, 7) ou em ideias e conhecimento (3, 6, 8). Apesar das diferenças de ênfase, há algo que todas essas definições de "sistema" compartilham. Procure isso logo na primeira definição na lista, que descreve os sistemas como "um grupo de elementos de interação, inter-relacionados e interdependentes que formam um todo complexo". Essa compreensão de um sistema como um conjunto de partes que se relacionam para formar um todo contém todos os outros casos especiais desse mesmo conceito. Quando assim entendido — como um conjunto de partes que, juntas, formam um todo complexo — é evidente que os jogos são sistemas.

Em um jogo de futebol, por exemplo, os jogadores, a bola, as redes do gol, o campo de jogo, são todos elementos individuais. Quando um jogo de futebol começa, esses elementos ganham relações específicas entre si no sistema maior do jogo. Cada jogador, por exemplo, joga em determinada posição em um dos dois times. As diferentes posições dos jogadores têm papéis que se inter-relacionam, tanto no sistema que constitui um único time (goleiro *versus* centroavante *versus* jogador na linha), como no sistema que constitui a relação entre os times (o goleiro guardando o gol, enquanto um centroavante tenta marcar gols). O complexo formado por todas essas relações em um sistema compreende o jogo de futebol.

Como os sistemas, os jogos são contextos de interação, que podem ser espaços, objetos e comportamentos que os jogadores exploram, manipulam e habitam. Os sistemas têm muitas formas, desde sistemas mecânicos e matemáticos até os conceituais e culturais. Um dos desafios de nossa análise atual é reconhecer as diversas maneiras como um jogo pode ser enquadrado como um sistema. O xadrez, por exemplo, poderia ser considerado um sistema estratégico matemático. Poderia também ser pensado como um sistema de interação social entre os dois jogadores, ou um sistema que simula abstratamente a guerra.

Os elementos de um sistema

Um *sistema* é um conjunto de coisas que afetam umas às outras em um ambiente para formar um padrão maior que é diferente de qualquer uma das partes individuais. Em seu livro *Teorias da Comunicação Humana*, Stephen W. Littlejohn identifica quatro elementos que constituem um sistema:

Regras do jogo | Salen e Zimmerman

- O primeiro são os *objetos* — as partes, elementos ou variáveis no sistema. Esses podem ser físicos, abstratos ou ambos, dependendo da natureza do sistema.

- Em segundo lugar, um sistema consiste em *atributos* — as qualidades ou as propriedades do sistema e seus objetos.

- Em terceiro, um sistema tem *relações internas* entre os seus objetos. Essa característica é um aspecto crucial [dos sistemas].

- Quarto, os sistemas também possuem um *ambiente*. Eles não existem no vácuo, mas são afetados por seu ambiente.[2]

Vejamos em detalhes um jogo em particular, o xadrez. Vamos primeiro pensar o xadrez como um sistema estritamente estratégico e matemático. Isto significa considerar o xadrez como um sistema de regras puramente formal. Colocados assim, os quatro elementos do sistema de xadrez são os seguintes:

- *Objetos*. Os objetos no xadrez são as peças no tabuleiro e o tabuleiro em si.

- *Atributos*. São as características que as regras dão a esses objetos, tais como as posições iniciais de cada peça e as formas específicas como cada peça pode mover-se e capturar.

- *Relações internas*. Embora os atributos determinem os movimentos possíveis das peças, as relações internas são as posições reais das peças no tabuleiro. Essas relações espaciais na grade determinam as relações estratégicas: uma peça pode ameaçar outra ou proteger uma casa vazia. Algumas peças podem até não estar no tabuleiro.

- *Ambiente*. Se estivermos vendo apenas o sistema formal do xadrez, então o ambiente para a interação dos objetos é o jogo em si. O jogo fornece o contexto para os elementos formais de uma partida.

Enquadrar o jogo como um sistema formal, porém, é apenas uma maneira de pensar sobre o sistema do xadrez. Podemos estender nosso foco e também pensar o xadrez como um sistema com dimensões experimentais. Isso significa pensar o xadrez não apenas como um sistema matemático e lógico, mas também como um sistema de interação entre os jogadores e a partida. Mudar a forma como estruturamos a partida afeta a forma como definimos os quatro componentes de um sistema. Colocados como um sistema experimental, os elementos do sistema do xadrez são os seguintes:

- *Objetos*. Uma vez que estamos vendo o xadrez como a interação entre os jogadores, os objetos do sistema são de fato os próprios dois jogadores.

- *Atributos*. Os atributos de cada jogador são as peças que ele controla, bem como o estado atual da partida.

- *Relações internas*. Como os jogadores são os objetos, sua interação constitui as relações internas do sistema. Essas relações incluiriam não apenas a sua interação estratégica, mas também a sua comunicação social, psicológica e emocional também.

- *Ambiente*. Considerando o xadrez como um sistema experimental, o ambiente total teria que incluir não apenas o tabuleiro e as peças do jogo, mas também o ambiente imediato que envolve os dois jogadores. Podemos chamar isso de *contexto do jogo*. Qualquer parte do ambiente que facilitasse o jogo seria incluída nesse contexto. Por exemplo, se fosse um jogo de xadrez por e-mail, o contexto do jogo teria que incluir o ambiente de software em que os jogadores enviam e recebem os movimentos. Qualquer contexto do jogo também incluiria as pressuposições dos jogadores de xadrez, tais como o fato de que eles acham ser legal ou careta jogar xadrez. Essa teia de associações físicas, psicológicas e culturais delineia não a experiência do jogo mas sim o contexto que envolve o jogo, o ambiente em que a experiência de jogo ocorre.

Por fim, podemos expandir o nosso foco e pensar o xadrez como um sistema cultural. Aqui, a preocupação é com a maneira como o jogo se encaixa na cultura em geral. Há muitas maneiras de conceber os jogos como cultura. Por exemplo, digamos que queremos ver o jogo de xadrez como uma representação de valores ideológicos associados a um determinado tempo e lugar. Gostaríamos de fazer conexões entre o design do jogo e as estruturas maiores da cultura. Procuraríamos identificar, por exemplo, as referências culturais feitas no design das peças do jogo (Qual é a relação de poder entre o rei e a rainha implícita em seu design visual?); as referências feitas na estrutura e nos rituais do jogo (estava jogando um xadrez educado e cortês ou vulgar e cruel?); e as referências feitas para as pessoas que jogam (Quem são — intelectuais, tipos militares ou viciados em computador?). Enquadrados como um sistema cultural, os quatro elementos do sistema de xadrez são os seguintes:

- *Objetos*. O objeto é o jogo de xadrez em si, considerado em seu sentido mais amplo cultural.

- *Atributos*. Os atributos do jogo seriam os elementos designados do jogo, bem como informações sobre como, quando e por que o jogo foi criado e usado.

- *Relações internas*. As relações seriam as ligações entre o jogo e a cultura. Podemos encontrar, por exemplo, uma relação entre os lados "preto e branco" do jogo e a maneira como a raça é referida quando as peças do jogo são representadas de modo figurativo.

- *Ambiente*. O ambiente do sistema se estende para além de qualquer partida individual de xadrez, ou mesmo do contexto do jogo. O ambiente total para esse enquadramento cultural do xadrez é a própria cultura, em todas as suas formas.

Note que existem inúmeras maneiras de enquadrar o xadrez como um sistema cultural. Poderíamos examinar a evolução histórica complexa do jogo. Ou poderíamos investigar as subculturas profissionais e amadores (livros, sites Web, competições etc.) que cercam o jogo. Poderíamos estudar a cultura das variantes do xadrez, nas quais xadrez é reestruturado pelos fãs do jogador, ou como o xadrez é referenciado na cultura popular, tal como o simulacro de xadrez que Spock jogou na série da TV *Jornada nas Estrelas*. A lista continua.

Sistemas de enquadramento

Ainda que estivéssemos falando sobre o mesmo jogo todas as vezes, quando procedêssemos de uma análise formal para uma experimental e, então, uma cultural, nosso senso do que consideramos como parte do sistema cresceria. Na verdade, cada análise integrou o sistema anterior em si. A natureza hierárquica dos sistemas complexos torna possível essa integração.

Devido à natureza hierárquica do sistema crítico ou complexo, com interações em todas as escalas, podemos arbitrariamente definir o que entendemos por uma unidade: Em um sistema biológico, pode-se optar por uma única célula, um único indivíduo, tal como uma formiga, o ninho da formiga ou a formiga como uma espécie, como a unidade adaptativa. Em um sistema social humano, pode-se escolher um indivíduo, uma família, uma empresa ou um país como a unidade. Nenhuma unidade em nenhum nível tem o direito de reivindicar o status de prioridade.[3]

Em um sistema de jogo, como em um sistema social humano ou um sistema biológico, as hierarquias e as interações são dimensionáveis e incorporadas, como o teórico da complexidade Per Bak aponta na citação acima. Apesar de nenhum enquadramento ter uma prioridade inerente, há relações específicas entre os tipos de enquadramentos dados aqui. O sistema formal que constitui as regras de um jogo está incorporado no sistema do jogo. Da mesma forma, o sistema de jogo está incorporado no enquadramento cultural do jogo. Por exemplo, a compreensão das conotações culturais do design visual de uma peça do jogo ainda deve levar em conta as regras do jogo e o próprio jogo: a importância relativa das peças e como elas são realmente utilizadas em um jogo. Por exemplo, responder a uma pergunta cultural com relação à política da representação racial teria de incluir uma compreensão da maneira formal de como as principais regras do jogo referenciam as cores. O que significa o fato de o branco sempre se mover em primeiro lugar?

Da mesma forma, quando você está criando um jogo, não está criando apenas um conjunto de regras, mas um conjunto de regras que será sempre experimentado como jogo em um contexto cultural. Como resultado, você nunca tem o luxo de esquecer completamente o contexto quando está se concentrando na experiência, ou a experiência e cultura quando está se concentrando na estrutura formal do jogo. Pode ser útil, às vezes, focar o número de maneiras como você está enquadrando o jogo, mas é importante lembrar que as qualidades formais, experimentais e culturais de um jogo sempre existirão como um fenômeno integrado.

A história dos sistemas

O uso formal dos sistemas como uma metodologia para o estudo tem uma história rica, que só podemos descrever rapidamente aqui. Muitas das ideias em torno dos sistemas e da teoria dos sistemas vêm de tese de graduação de Ludwig von Bertalanffy de 1928, na qual ele descreve os organismos como sistemas vivos. Em 1969, von Bertalanffy formalizou sua abordagem no livro *Teoria geral dos sistemas: fundamentos, desenvolvimento de aplicações.* Von Bertalanffy propôs uma abordagem baseada em sistemas para analisar tipos radicalmente diferentes de fenômenos, desde o movimento das partículas até as estruturas celulares dos organismos e a organização de uma sociedade. O livro de Von Bertalanffy defendia uma ciência única e integrada de sistemas que reconhecesse as conexões entre os modos como os sistemas operam em escalas radicalmente diferentes. A abordagem baseada em sistemas de Bertalanffy contribuiu com o desenvolvimento dos campos da teoria da informação, teoria dos jogos e cibernética; cada um desses campos, por sua vez, contribuiu com os conceitos contemporâneos da ciência da computação.

Embora a teoria dos sistemas formais não esteja mais em uso comum atualmente, as abordagens baseadas em sistemas deram origem a uma variedade de campos interdisciplinares, incluindo os estudos da complexidade, o caos e a vida artificial. Os estudiosos vêm para esses campos em uma ampla gama de disciplinas, incluindo matemática, genética, física, biologia, sociologia e economia. Aqui, apenas mencionaremos seu trabalho, mas se essas investigações baseadas em sistemas interessarem a você, referências adicionais poderão ser encontradas nas leituras sugeridas para o Capítulo 14, ***Jogos como sistemas emergentes*** no volume 2 desta obra.

Sistemas abertos e fechados

Existem dois tipos de sistemas, *abertos* e *fechados*. Na verdade, o conceito de sistemas abertos e fechados forma a base de grande parte da nossa análise sobre as propriedades formais dos jogos e suas dimensões sociais e culturais. Esse conceito não fala só nos jogos em si, mas também nas relações que os jogos têm com os jogadores e seus contextos. O que distingue os dois tipos de sistemas? Littlejohn escreve: "Uma das distinções mais comuns [na teoria de sistemas] está entre os sistemas abertos e fechados. Um *sistema fechado* não tem intercâmbio com seu ambiente. Um *sistema aberto* recebe matéria e energia do seu ambiente e passa matéria e energia para seu ambiente".[4]

O que torna um sistema aberto ou fechado é a relação entre o sistema e o contexto, ou ambiente, que o rodeia. A "matéria e a energia" que passam entre um sistema e seu ambiente podem assumir várias formas, desde dados puros (um termômetro medindo e passando informações para o sistema de um programa de computador que tenta prever o clima), até a interação humana (uma pessoa que opera e interage com o sistema de um carro para dirigir numa estrada). Em ambos os casos, o sistema é aberto porque há algum tipo de transferência entre o sistema e o seu ambiente. O sistema de software passa a informação da temperatura com base no clima lá fora. O sistema do carro troca entrada e saída com o motorista de várias formas (velocímetro, acelerador, volante etc.)

Quando enquadramos um jogo como um sistema, é útil reconhecer se ele está sendo tratado como um sistema aberto ou fechado. Se olharmos nossos três enquadramentos do xadrez, quais eram abertos e quais eram fechados?

- *Sistema formal*. Como um sistema formal de regras, o xadrez é um sistema fechado e independente.

- *Sistema cultural*. Como um sistema cultural, o xadrez é claramente um sistema aberto, pois estamos essencialmente considerando a maneira como o jogo se cruza com outros contextos, como sociedade, língua, história etc.

- *Sistema experimental*. Como um sistema experimental de jogo, as coisas ficam complicadas. Enquadrar o xadrez como um sistema experimental pode levar a um entendimento do jogo como aberto ou fechado. Se considerarmos apenas os jogadores e suas ações estratégicas do jogo, poderíamos dizer que, uma vez que o jogo começa, os únicos eventos relevantes são internos ao jogo. Nesse sentido, o jogo é um sistema fechado. Por outro lado, podemos ressaltar a bagagem emocional e social que os jogadores trazem para o jogo, as distrações do ambiente, as reputações que são ganhas ou perdidas depois que o jogo acaba.

Nesse sentido, o jogo de xadrez seria um sistema aberto. Enquadradas como jogo, as partidas podem ser abertas ou fechadas.

Na definição e na compreensão dos conceitos-chave, tais como design e sistemas, nosso objetivo é entender melhor os desafios específicos do design do jogo e da interação significativa. Os designers de jogos praticam o design e fazem isso por meio da criação de *sistemas*. Mas outros tipos de designers criam sistemas também — assim, o que há de tão especial nos jogos? Os sistemas que os designers de jogos criam têm muitas qualidades peculiares, mas uma das mais importantes é que eles são interativos, exigem a participação direta na forma de jogar. No próximo capítulo, ampliaremos nossa compreensão dos sistemas e do design para enfrentar esse conceito confuso, mas fundamental: a enigmática *interatividade*.

Notas

1. <dictionary.com>.

2. Stephen W. Littlejohn, *Theories of Human Communication,* 3rd edition (Belmont, CA: Wadsworth Publishing Company, 1989), p. 41.

3. Per Bak, "Self-Organized Criticality: A Holistic View of Nature". In *Complexity: Metaphors, Models and Reality,* edited by George A. Cowan, David Pine, and David Meltzer (Cambridge: Perseus Books, 1994), p. 492.

4. Littlejohn, *Theories of Human Communication,* p. 4.

Sistemas

Resumo

- Um **sistema** é um conjunto de peças que se inter-relacionam para formar um todo complexo. Há muitas maneiras de enquadrar um jogo como um sistema: sistema matemático, sistema social, sistema de representação etc.

  Há quatro elementos que todos os sistemas compartilham:

  - Os **objetos** são as partes, elementos ou variáveis no sistema.

  - Os **atributos** são as qualidades ou as propriedades do sistema e seus objetos.

  - As **relações internas** são as relações entre os objetos.

  - O **meio ambiente** é o contexto que circunda o sistema.

  A forma como esses elementos são identificados em qualquer jogo individual depende do modo como ele é estruturado como um sistema. Os quatro elementos seriam diferentes, por exemplo, se um jogo fosse enquadrado como um sistema formal e matemático, um sistema experimental de jogo ou como um sistema cultural.

- Esses três enquadramentos de um jogo como um sistema **formal, experimental** e **cultural** estão incorporados uns nos outros. Um jogo como um sistema formal é sempre incorporado em um sistema experimental e um jogo como um sistema cultural contém sistemas formais e experimentais.

- Embora todos os três níveis (formal, experimental e cultural) existam simultaneamente, pode ser útil focar em apenas um deles ao fazer uma análise ou resolver um problema de design. É fundamental, ao projetar um jogo, entender como esses três níveis interagem e relacionam-se uns com os outros.

- Os sistemas podem ser **abertos** ou **fechados.** Um sistema aberto tem uma troca de algum tipo com seu ambiente. Um sistema fechado é isolado do seu ambiente. Se você considera ou não um jogo como um sistema aberto ou fechado, depende da maneira como o enquadra:

  - Os sistemas **formais** são sistemas fechados.

  - Os sistemas **experimentais** podem ser abertos ou fechados.

  - Os sistemas **culturais** são sistemas abertos.

INTERATIVIDADE

ação > resultado
quatro modos de interatividade
anatomia de uma escolha
evento interno
evento externo
espaço de possibilidades

6

A palavra "interatividade" não é apenas dar escolhas aos jogadores; ela define completamente a mídia do jogo.

— **Warren Spector,** RE:PLAY: Game Design + Game Culture

Apresentando a interatividade

Jogar implica interatividade: brincar com um jogo, um brinquedo, uma pessoa, uma ideia, significa interagir. Mais especificamente, jogar um jogo significa fazer escolhas em um sistema de jogo projetado a suportar ações e resultados de maneiras significativas. Cada ação resulta em uma mudança que afeta o sistema global. Esse processo de ação e resultado acontece porque os jogadores interagem com o sistema projetado do jogo. A interação ocorre em todos os níveis, desde a interação formal dos objetos e das peças do jogo, até a interação social dos jogadores, e a interação cultural do jogo com os contextos além do seu espaço do jogo.

Nos jogos, é a interação explícita do jogador que permite que o jogo avance. A partir da interatividade de escolher um caminho para selecionar um alvo de destruição para coletar estrelas mágicas, o jogador atua para iniciar e executar toda uma gama de ações explícitas. Em certo sentido, são esses momentos de ação explícita que definem o tom e a textura de uma experiência de jogo específica. Para entender essa qualidade em particular dos jogos — o elemento de interação — devemos entender mais completamente os termos evasivos "interativo", "interação" e "interatividade".

Definição de interatividade

Talvez até mais do que "design" e "sistemas", os debates sobre o termo "interatividade" se multiplicam desenfreadamente. Interatividade é uma daquelas palavras que podem significar tudo e nada ao mesmo tempo. Se tudo pode realmente ser considerado interativo, então o conceito perde sua capacidade de nos ajudar a resolver os problemas de design. Ao tentar delimitar essa palavra fugidia, nosso objetivo é tentar compreendê-la em seu sentido mais geral, e também identificar os aspectos muito particulares de interatividade que são relevantes para os jogos. Para tanto, vejamos diversas definições de interatividade. Começamos com uma pergunta geral: O que é *"interação"*? Eis algumas definições básicas do dicionário:

- *interação:* 1. ação intermediária; 2. ação ou influência mútua ou recíproca;

- *interagir:* agir um sobre outro; agir reciprocamente;

- *interativo:* reciprocamente ativo; agir ou influenciar-se mutuamente; permitir um fluxo bidirecional de informações entre um dispositivo e um usuário, responder à entrada do usuário.[1]

Em termos mais gerais, a interatividade simplesmente descreve uma relação ativa entre duas coisas. Para os nossos propósitos, entretanto, precisamos de uma definição um pouco mais rigorosa, que leve em conta a natureza particular dos jogos. Em vez de perguntar sobre a interatividade no abstrato, o que significa dizer que algo é "interativo"? Mais especificamente, como a interatividade surge de dentro de um *sistema?*

O teórico das comunicações Stephen W. Littlejohn define interatividade assim: "Parte integrante de um sistema é a noção de 'relacionamento' (...). Então, os sistemas de interação serão dois ou mais comunicantes no processo de, ou no nível de, definir a natureza de seu relacionamento".[2] Em outras palavras, uma coisa é interativa quando há uma relação recíproca de algum tipo entre dois elementos em um sistema. Conversas, bancos de dados, jogos e relações sociais são interativos neste sentido. Além disso, as relações entre os elementos de um sistema são definidas através da interação.

Seguindo essa definição, a teórica da mídia digital e empresária Brenda Laurel traz o conceito de *representação* para uma compreensão do termo: "(...) Uma coisa é interativa quando as pessoas podem participar como agentes em um contexto representacional. (Um agente é 'aquele que inicia ações.')".[3] O modelo de Laurel enfatiza o componente interpretativo das experiências interativas, enquadrando um sistema interativo como um espaço representacional.

Em uma definição alternativa de interatividade, o teórico Andy Cameron baseia-se nessa dimensão interpretativa, enfatizando a ideia de *intervenção direta*. Em seu ensaio "Dissimulações", Cameron afirma que

> Interatividade significa a capacidade de intervir de forma significativa *na representação em si,* não *ler* de forma diferente. Assim, a interatividade na música significaria a capacidade de mudar o som, a interatividade na pintura, de alterar as cores ou fazer marcas, a interatividade no cinema (...) a capacidade de mudar a maneira como o filme se desenvolve.[4]

Cameron sugere uma conexão entre a interatividade e *ação explícita,* uma característica fundamental dos jogos e da interação significativa (*meaningful play*). Em certo sentido, são esses momentos de ação explícita que definem o tom e a textura de uma experiência de jogo específica.

A definição final vem do designer de jogos Chris Crawford, que define metaforicamente a interatividade em termos de uma conversa: "Interatividade: um processo cíclico no qual dois atores alternadamente ouvem, pensam e falam. A qualidade da interação depende da qualidade de cada uma das subtarefas (ouvir, pensar e falar)".[5]

Embora sua definição remonte ao modelo relacional de Littlejohn, a definição de Crawford enfatiza a *qualidade iterativa* da interatividade. Ele usa o exemplo a seguir para salientar:

> Uma conversa, na sua forma mais simples, começa com duas pessoas, Joe e Fred. Joe diz alguma coisa para Fred. Neste ponto, a bola está no campo de Fred. Ele realiza três etapas a fim de adiar o fim da conversa:
>
> *Etapa Um.* Fred ouve o que Joe tem a dizer. Ele gasta energia para prestar atenção às palavras de Joe. Ele reúne todas as palavras de Joe e monta-as em um todo coerente. Isso requer um esforço ativo por parte de Fred.
>
> *Etapa Dois.* Fred pensa sobre o que Joe disse. Ele considera, contempla e cogita. Sua mente trabalha ativamente enquanto Fred desenvolve sua resposta para a afirmação de Joe.
>
> *Etapa Três.* Fred responde a Joe. Ele forma seus pensamentos em palavras e os expressa.
>
> Agora, a situação se inverte: a bola está no campo de Joe. Joe deve ouvir o que diz Fred; Joe deve pensar e desenvolver uma reação; em seguida, ele deve expressar sua reação a Fred. Esse processo forma um ciclo contínuo. Assim, uma conversa é um processo iterativo no qual cada participante, por sua vez, ouve, pensa e fala.[6]

Cada uma dessas definições fornece seu próprio modo crítico de entendimento da interatividade: ocorre em um sistema, é relacional, permite a intervenção direta dentro de um contexto representacional e é iterativa. Mas nenhuma das definições descreve como e onde a interatividade pode ocorrer, e nenhuma aborda a relação entre estrutura e contexto, dois elementos-chave na construção do significado. Essas perguntas de "como", "onde" e "por quem" são fundamentais para qualquer pessoa que tem o desafio de projetar interatividade.

Em outras palavras, nenhuma dessas definições resolve a questão de se a mídia, ou mesmo todas as experiências, são ou não interativas. Se a interatividade é realmente tão onipresente, ela pode ser possivelmente um termo útil para o entendimento dos jogos?

Um modelo de interatividade polivalente

Cada uma das definições anteriores coloca em primeiro plano um aspecto particular da interação; em nossa visão, todas são formas úteis de definir a interatividade. Em vez de tentar retificá-las em uma definição composta, preferimos oferecer um modelo de interatividade que aceita cada uma dessas definições. O modelo apresenta quatro modos de interatividade ou quatro diferentes níveis de engajamento que uma pessoa pode ter com um sistema interativo. As atividades mais "interativas" incorporam alguns ou todos eles simultaneamente.

> **Modo 1.** *Interatividade cognitiva; ou a participação interpretativa.*
>
> Essa é a participação psicológica, emocional e intelectual entre uma pessoa e um sistema. Exemplo: a interação criativa complexa entre um jogador e um jogo de aventura gráfica.

> **Modo 2.** *Interatividade funcional; ou participação utilitária.*
>
> Incluem-se aqui: as interações estruturais e funcionais com os componentes materiais do sistema (reais ou virtuais). Por exemplo, a aventura gráfica que você jogou: como era a interface? Os botões eram fáceis de operar? Qual foi o tempo de resposta? O texto era bem legível em seu monitor de alta resolução? Todos esses elementos fazem parte da experiência total de interação.

> **Modo 3.** *Interatividade explícita; ou participação com as escolhas e os procedimentos definidos.*
>
> Essa é a "interação" no sentido óbvio da palavra: participação clara, tal como clicar nos links não lineares de um romance em hipertexto, seguir as regras de um jogo de tabuleiro, reorganizar as roupas em um conjunto de bonecas de papel, usar o

joystick para manobrar o Mr. Pac-Man. Incluem-se aqui: escolhas, eventos aleatórios, simulações dinâmicas e outros procedimentos programados na experiência interativa.

Modo 4. *Interatividade além do objeto; ou a participação na cultura do objeto.*

Esta é a interação fora da experiência de um sistema projetado. Os exemplos mais claros vêm da cultura dos fãs, na qual os participantes constroem juntos realidades coletivas, utilizando os sistemas projetados como matéria-prima. O Super-homem voltará à vida? Kirk ama Spock?

Alguns desses modos ocorrem universalmente na experiência humana, tais como o Modo 1, a interatividade cognitiva. Mas nem todos são assim. Para nossos propósitos, o Modo 3, a interatividade explícita, aproxima-se mais da definição do que queremos dizer quando falamos que os jogos são "interativos". Uma experiência torna-se verdadeiramente interativa no sentido da "intervenção direta" de Cameron somente quando o participante faz escolhas que foram projetadas na estrutura real da experiência.

O restante deste capítulo focaliza principalmente a interatividade explícita e como os designers de jogos podem criar os tipos de escolhas que resultam em interação significativa. Porém, mesmo que nos concentremos no Modo 3, é importante lembrar que os outros três modos de interatividade também estão presentes quando os jogadores fazem escolhas explícitas. Por exemplo, escolher se dobrar ou não no pôquer representa um momento de interatividade explícita. Mas, ao mesmo tempo, a qualidade do material e o tamanho das cartas afetam a interatividade funcional; as imagens extravagantes nas cartas podem gerar uma interatividade cognitiva; e as noções sobre o que significa ser um hábil trapaceiro — ou talvez o ressentimento por ter sido derrotado na mesa de pôquer na semana passada — representam formas de participação cultural que se encontram fora dos limites do jogo específico sendo jogado.

A interação, mesmo a interação explícita de uma escolha de jogo aparentemente simples, nunca é tão simples quanto parece à primeira vista. Mas, antes de dissecarmos os componentes das escolhas interativas explícitas, vamos fazer uma pausa para considerar o papel do design em si na criação da interatividade.

Mas trata-se de uma interação "projetada"?

A interação tem muitas formas. Mas, para projetar a interatividade, é importante ser capaz de reconhecer quais formas de interatividade os designers criam. Como exemplo, compare as duas seguintes ações: alguém deixa cair uma maçã no chão e alguém rola dados em uma mesa de jogos. Embora ambos sejam exemplos de interação adequada, só o segundo ato, rolar dados, é uma forma de interação projetada.

E essa ação foi projetada? Primeiro, os dados, ao contrário da maçã, fazem parte de um sistema (um jogo) no qual a interação entre o jogador e os dados torna-se significativa por meio de um conjunto de regras que descrevem seu relacionamento. Essa relação, conforme definida pelas regras do jogo de dados Craps, descreve a conexão entre a ação e o resultado — por exemplo, "Quando os dados são rolados, um jogador conta o número de pontos que aparecem no lado voltado para cima dos dados". Mesmo essa regra extremamente simples demonstra como o ato de rolar dados tem um significado no sistema interativo projetado do jogo. Em segundo lugar, a interação é situada em um contexto específico: um jogo. Lembre-se de que a interação significativa está ligada não apenas ao conceito da ação do jogador e ao resultado do sistema, mas também a um contexto particular no qual ocorre a ação.

A descrição de "alguém soltando uma maçã no chão", por outro lado, não contém uma estrutura projetada ou contexto. Quais condições têm de estar presentes para desenvolver essa interação simples em uma interação projetada? A queda da maçã não atende aos critérios de base da interação: há uma relação recíproca entre os elementos do sistema (como, por exemplo, a mão da pessoa, a maçã e o chão). Mas trata-se de uma interação projetada? A interatividade está situada em um contexto específico? Temos alguma ideia sobre o fato de que soltar uma maçã pode "significar" uma forma de interação entre uma pessoa e uma maçã? Temos um sentido da conexão entre a ação e o resultado?

Não. Tudo o que sabemos é que uma maçã caiu. O que está faltando nessa descrição é um contexto explicitamente determinado dentro do qual a queda da maçã ocorre. Se nós mudarmos um pouco o cenário adicionando um segundo participante e pedirmos aos dois para jogarem a maçã um para a outro, teremos uma situação de interação projetada. Se pedirmos aos dois jogadores de maçã para contarem o número de vezes seguidas em que eles pegaram a maçã antes de ela cair, adicionaremos um contexto ainda mais completo para a interação. A simples adição de uma regra que designa que os jogadores quantifiquem sua interação situa o simples ato de jogar e pegar em um sistema global. A cada elemento do sistema é atribuído um significado: lançar, pegar e deixar cair. Mesmo no mais simples dos contextos, o design cria significado.

Interação e escolha

A cuidadosa elaboração da experiência do jogador através de um sistema de interação é fundamental para o design de interações significativas. Mas o que torna uma experiência interativa "significativa"? Argumentamos que, para criar exemplos de jogos significativos, a experiência tem que incorporar não apenas a interatividade explícita, mas *escolhas* significativas. Quando um jogador faz uma escolha em um jogo, o sistema responde de alguma forma. A relação entre a escolha do jogador e a resposta do sistema é uma maneira de caracterizar a profundidade e a qualidade da interação. Tal perspectiva da interatividade apoia a definição descritiva da interação significativa apresentada no Capítulo 3 deste volume.

Ao considerar o modo como as escolhas são incorporadas na atividade do jogo, vemos o design da escolha em dois níveis: micro e macro. O nível *micro* representa as pequenas escolhas, momento a momento, com as quais um jogador é confrontado durante um jogo. O nível *macro* de escolha representa a forma como essas microescolhas unem-se como uma cadeia para formar uma grande trajetória de experiência. Por exemplo, essa distinção marca a diferença entre tática e estratégia em um jogo, como, por exemplo, o Go. As *táticas* do Go envolvem batalhas em alguns setores do tabuleiro, enquanto peças individuais e pequenos grupos expandem-se pelo território. A colisão resultante os coloca em conflito e dá ensejo a ações de captura. A *estratégia* do jogo é o quadro mais amplo, a forma geral do tabuleiro que irá determinar basicamente o vencedor. A elegância do design do Go está na sua capacidade de ligar facilmente o macro e o micro, de modo que cada movimento que um jogador faz funcione simultaneamente nos dois níveis. A microinteração e a macrointeração estão normalmente interligadas e há, claro, vários tons de cinza intermediários.

Tenha em mente que a "escolha" não implica necessariamente uma escolha *racional* ou *óbvia,* como na seleção de uma ação em um menu. A escolha pode assumir muitas formas, desde uma ação intuitiva física (como um tiro de pistola no jogo Time Crisis) até o lançamento aleatório de um dado. Seguem-se mais alguns exemplos de escolhas projetadas nos jogos.

A escolha de pedir ou não uma carta no Vinte e Um. Um jogador de Vinte e Um sempre tem um conjunto bem definido de escolhas: a microescolha de pedir ou não mais carta terá o resultado final de uma vitória ou uma derrota contra a casa. No nível macro, cada rodada afeta a quantidade total de dinheiro que o jogador ganha ou perde ao longo do jogo. Jogar cada mão separadamente, de acordo com sua probabilidade de vencer a casa, é como a tática no Go. Contar as cartas, o que liga todas as mãos dos jogadores entre as rodadas, é mais um tipo de tomada de decisão estratégica de longo prazo. [N. T.: A contagem de cartas é uma estratégia utilizada para que o jogador de 21 estime a proporção de cartas altas e baixas a serem colocadas em jogo.]

A escolha do que digitar no cursor de uma aventura baseada em texto. Esse é um contexto de escolha mais ilimitado do que pedir mais cartas ou passar no Vinte e Um. A microescolha de digitar um comando dá ao jogador um retorno sobre como ele se move ou muda o mundo. A opção de digitar as palavras "Ir para o Norte" leva o jogador a outro local no jogo, onde diferentes ações são possíveis — talvez ações que resolverão finalmente os quebra-cabeças que existem no nível macro do jogo. Mesmo a tentativa de um jogador de tomar uma ação que o programa não consegue entender (tal como digitar "grab rock" ["capture uma pedra"] em vez de "get rock" ["fique imóvel"]) é significativa: o resultado de esbarrar nos limites da capacidade de análise do programa serve para delinear os limites do jogo.

A escolha de que jogada fazer lembra um jogo de futebol americano. Esse momento de escolha do jogo é muitas vezes produzido de forma colaborativa entre o técnico, um *quarterback* e os demais jogadores ofensivos. Há um grande número de possíveis jogadas a chamar, cada uma com variações, e a escolha é sempre feita em relação ao pano de fundo do jogo maior: a pontuação, o tempo, a posição no campo, o *down* [uma das quatro chances que um time no ataque tem para ganhar 10 jardas], os pontos fortes e os fracos de ambos os times. O nível mais macro das escolhas aborda o movimento de longo prazo da bola ao longo do campo e as pontuações gerais das duas equipes. O nível mais micro das escolhas ocorre assim que a jogada é iniciada e a bola é passada: cada jogador ofensivo tem o desafio de, momento a momento, executar a jogada, enquanto o time defensivo faz o seu melhor para detê-lo.

Como esses exemplos demonstram, a tomada de decisão é um processo complexo e multifacetado. Há uma transição suave entre os níveis micro e macro de tomada de decisão, que se manifestam de forma integrada para o jogador. Quando o resultado de cada ação é perceptível e integrado, a tomada de decisão leva a uma interação significativa (*meaningful play*). O designer de jogos Doug Church, em seu influente ensaio on-line "Formal Abstract Design Tools", descreve a maneira como esses níveis de escolha transformam-se em uma experiência de jogo completa.

> Em um jogo de luta, cada ação do controlador é completamente coerente e visualmente representada pelo personagem na tela. Em Tekken, quando Eddy Gordo dá uma voadora, você sabe o que virá em seguida. Quando o jogador aprende os movimentos, essa consistência permite um planejamento — a intenção — e a confiabilidade das reações do mundo contribui para a consequência percebida. Se eu vejo alguém jogando, posso ver como e por que a pessoa é melhor do que eu, mas todos os jogadores começam o jogo em pé de igualdade.[7]

Como Church assinala, os macroníveis da tomada de decisão incluem não só o que fazer no decorrer de um jogo, mas também se você quer ou não disputar um jogo, e contra quem. Se for derrotado em um jogo de luta que não tem uma interação clara e significativa, você nunca saberá por que perdeu e provavelmente não irá jogar novamente. Por outro lado, se sabe por que seu oponente é melhor, sua derrota é significativa, pois o ajuda a avaliar suas próprias habilidades, lhe dá ideias de como melhorar e estimula sua interação geral com o jogo.

Moléculas da escolha

Os designers do Spaceware! — o primeiro jogo de computador — identificaram a ação como o ingrediente-chave e conceberam o Spaceware! como um jogo que poderia proporcionar um bom equilíbrio entre o pensar e o agir para seus jogadores. Eles consideravam o computador como uma máquina naturalmente adequada para representar as coisas que você pode ver, controlar e jogar. Seu potencial interessante não reside na capacidade de realizar cálculos, mas na capacidade de representar a ação da qual os seres humanos poderiam participar.

— **Brenda Laurel**, Computers as Theater

A capacidade dos jogos para "representar a ação da qual os jogadores participam" constitui a base do nosso conceito de "escolha". Se considerarmos que cada escolha tem um resultado, então essa unidade ação > resultado é o veículo através do qual o significado de um jogo emerge. Embora os jogos possam gerar sentido de muitas maneiras (como por meio de imagem, texto, som etc.), para compreender a natureza interativa do *meaningful play* (jogo ou interação significativa), vamos focalizar os tipos de significado que emergem a partir da interação do jogador. No núcleo do significado interativo está a unidade ação > resultado, a molécula a partir da qual as estruturas interativas maiores são construídas.

A fim de examinar esse conceito mais de perto, veremos o jogo clássico Asteroids, um descendente direto do Spaceware!. Em Asteroids, um jogador usa botões para manobrar uma nave espacial pequena na tela, evitando asteroides e óvnis em movimento e destruindo-os disparando projéteis. As unidades interativas ação > resultado de Asteroids são manipuladas por meio de uma série de cinco comandos do jogador, cada um deles um botão no painel de controle do jogo: virar para a esquerda, virar para a direita, impulso para frente, disparar e hiperespaço. No âmbito de um jogo individual, as possíveis ações do jogador são mapeadas em cinco botões:

- Pressionar o botão de virar para a direita: a nave vira para a direita.
- Pressionar o botão de virar para a esquerda: a nave vira para a esquerda.
- Pressionar o botão de impulso: a espaçonave acelera na direção para a qual está voltada.
- Pressionar o botão de disparar: a nave dispara um projétil (até quatro na tela ao mesmo tempo).
- Pressionar o botão do hiperespaço: a nave desaparece e reaparece em um local diferente (e, às vezes, é destruída como resultado).

A ação na tela é afetada pela orquestração sutil (e não tão sutil!) desses cinco controles. Conforme o jogo avança, cada novo momento de escolha é uma resposta à situação na tela, que é o resultado de uma sequência anterior de unidades de ação > resultado. O fluxo contínuo que emerge é uma das razões pelas quais o Asteroids é tão divertido de jogar. Raramente, os jogadores têm consciência das centenas de escolhas que fazem a cada minuto quando se esquivam dos meteoritos e projéteis e travam uma batalha com as naves inimigas — eles percebem apenas seu entusiasmo e participação no jogo.

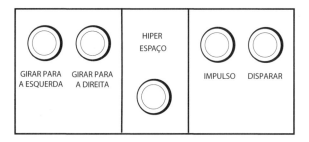

Anatomia de uma escolha

Embora o conceito de escolha possa parecer básico à primeira vista, a maneira como uma escolha é realmente construída é surpreendentemente complexa. Para dissecar nossa molécula de ação > resultado, temos de fazer as cinco perguntas a seguir. Juntas, elas descrevem a anatomia de uma escolha:

1. ***O que aconteceu antes de o jogador ter a escolha?*** Qual é o estado atual das peças em um tabuleiro do jogo, por exemplo, ou o nível de saúde de um jogador? Qual conjunto de movimentos resultou no fim do jogo? Qual é o status de jogo dos outros jogadores? Esta pergunta diz respeito aos eventos micro e macro de um jogo, e aborda o contexto no qual a escolha é feita.

2. ***Como é a possibilidade de escolha transmitida para o jogador?*** Em um tabuleiro de jogo, a presença de casas vazias ou a disponibilidade de cartas no "morto" pode indicar a possibilidade de escolha, enquanto as escolhas em um jogo digital são transmitidas por meio dos controles do jogo. Em Asteroids, por exemplo, os cinco botões no painel de controle comunicam a oportunidade de tomada de decisão para o jogador.

3. ***Como o jogador faz a escolha?*** O jogador fez uma escolha jogando uma carta, pressionando um botão, movendo o mouse, correndo na direção oposta ou passando a vez? Os mecanismos que um jogador usa para fazer uma escolha variam muito, mas todos são formas por meio das quais os jogadores têm a oportunidade de agir.

4. ***Qual é o resultado da escolha? Como isso afetará as futuras escolhas?*** Um jogador que toma uma ação em um sistema afetará as relações existentes nesse sistema. Esse elemento da anatomia de uma escolha conversa com o resultado de uma ação do jogador, identificando como uma simples escolha tem impacto nos eventos maiores no mundo do jogo. O resultado de fazer uma "tentativa" no jogo Vinte de Um tem impacto no fato de o jogador querer ou não fazer outra tentativa, assim como no resultado do jogo.

5. ***Como o resultado da escolha é transmitido para o jogador?*** Os meios pelos quais os resultados de uma escolha são representados para um jogador podem assumir muitas formas, e as formas de representação estão muitas vezes relacionadas à materialidade do jogo em si. Em um jogo de Twister, por exemplo, o posicionamento físico dos corpos no espaço transmite os resultados das escolhas; em Missile Command, o resultado da escolha para "atirar" é transmitido por uma linha de pixels que se move lentamente, terminando em uma explosão; em Mousetrap, a mecânica do funcionamento (ou não

funcionamento) da ratoeira transmite os resultados da ação de mover o rato no espaço da armadilha. Note que o passo 5 retorna continuamente à etapa 1 porque o resultado da escolha fornece o contexto para a próxima escolha.

Esses são os cinco estágios de uma escolha, os cinco eventos que acontecem cada vez que uma ação e um resultado ocorrem em um jogo. Cada etapa é um evento que ocorre interna ou externamente ao jogo. *Os eventos internos* são relacionados ao tratamento sistêmico de escolha; os *eventos externos* estão relacionados à representação da escolha para o jogador. Essas duas categorias fazem uma distinção entre o momento da ação conforme tratado pelo estado interno do jogo e a manifestação dessa ação para o jogador.

A ideia de que um jogo pode ter um evento interno representado externamente implica que os jogos são sistemas que armazenam informações. Jesper Juul, em uma palestra intitulada "Play Time, Event Time, Themability", descreve essa ideia pensando em um jogo como uma máquina de estados:

> Um jogo é, na verdade, o que a Ciência da Computação descreve como uma máquina de estados. É um sistema que pode estar em diferentes estados. Ele contém funções de entrada e saída, bem como definições de qual estado e qual entrada levará a qual estado a seguir. Quando disputa um jogo, você está interagindo com a máquina de estados que é o jogo. Em um jogo de tabuleiro, esse estado é armazenado na posição das peças no tabuleiro; nos jogos de computador, o estado é armazenado como variáveis e, então, representado na tela.[8]

No exemplo de Juul de um jogo de tabuleiro, o estado "interno" do jogo é imediatamente evidente para os jogadores na forma como as peças são organizadas no tabuleiro. No caso de um jogo de computador, como Juul aponta, as variáveis internas têm de ser traduzidas em uma representação para o jogador. A distinção entre eventos internos e externos ajuda-nos a identificar e distinguir os componentes de uma escolha. Na molécula de ação > resultado, os estágios 1, 3 e 4 são eventos internos eas fases 2 e 5 são eventos externos. Essas duas camadas de eventos formam a estrutura na qual a anatomia de uma escolha deve ser considerada. Para ver como isso

tudo se encaixa, vejamos mais de perto como a escolha é construída em dois dos nossos jogos de exemplo, Asteroids e xadrez (Figura 1).

Embora todos os cinco estágios do evento de escolha da ação > resultado tenham ocorrido em ambos os jogos, existem algumas diferenças significativas. Em Asteroids, as opções disponíveis e a tomada de uma ação envolvem controles físicos estáticos. No xadrez, as peças no tabuleiro servem para essa função, assim como que transmitem o estado atual do jogo. Os estados internos e externos do xadrez são idênticos, mas, em Asteroids, o que aparece na tela é apenas uma extensão para fora do estado interno do software. A estrutura da "anatomia de uma escolha" ocorre em todos os jogos, apesar de cada jogo manifestar a escolha de sua própria maneira.

Esse modo de entender a escolha em um jogo pode ser extremamente útil no diagnóstico dos problemas de design de jogos. Se seu jogo não conseguir produzir uma interação significativa, provavelmente é porque há uma quebra em algum lugar na cadeia de ação > resultado. Eis uma lista de exemplos de "estados de falha" comuns que muitas vezes podem ser encontrados nos

Anatomia de uma escolha

1. **O que aconteceu antes de o jogador ter a escolha?** (evento interno)

2. **Como é a possibilidade de escolha transmitida para o jogador?** (evento externo)

3. **Como o jogador faz a escolha?** (evento interno)

4. **Qual é o resultado da escolha? Como isso afetará as futuras escolhas?** (evento interno)

5. **Como é o resultado da escolha transmitida para o jogador?** (evento externo)

Regras do jogo | Salen e Zimmerman

Figura 1

Anatomia de uma escolha	Asteroids	Xadrez
1. O que aconteceu antes de o jogador ter a escolha? (evento interno)	Representado pelas posições atuais e trajetórias dos elementos do jogo.	Representado pelo estado atual das peças no tabuleiro.
2. Como é a possibilidade de escolha transmitida para o jogador? (evento externo)	As ações possíveis são transmitidas por meio dos controles de botão permanentes, bem como pelo estado da tela, pois ela mostra as relações entre os elementos do jogo.	As ações possíveis são transmitidas por meio da organização das peças no tabuleiro, incluindo as casas vazias, para onde elas podem mover-se.
3. Como o jogador faz a escolha? (evento interno)	O jogador faz uma escolha pressionando um dos 5 botões.	Os jogadores fazem uma escolha movendo uma peça.
4. Qual é o resultado da escolha? Como isso afetará as futuras escolhas? (evento interno)	Cada botão pressionado afeta o sistema de uma maneira diferente, tal como a posição ou a orientação da nave do jogador.	Cada movimento afeta o sistema global, como, por exemplo, a captura de uma peça ou a mudança das possibilidades estratégicas do jogo.
5. Como é o resultado da escolha transmitida para o jogador? (evento externo)	O resultado da escolha é, então, representado para o jogador por meio de gráficos de tela e áudio.	O resultado da escolha é, assim, apresentado para o jogador por meio da nova organização das peças no tabuleiro.

jogos e a maneira como eles se relacionam com as etapas de uma escolha.

- *É como se as decisões fossem arbitrárias.* Se você precisar jogar uma carta da sua mão e sempre parecer que não importa qual a carta você seleciona, o jogo provavelmente sofrerá no estágio 4 o efeito da escolha do jogador no sistema do jogo. A solução é ter certeza de que as ações do jogador terão resultados significativos no sistema interno do jogo.

- *Não saber o que fazer em seguida.* Isto pode ser um problema comum em grandes jogos de aventura digital, onde não está claro como um jogador pode tomar medidas para avançar no jogo. O problema está na fase 2, que representa as escolhas para o jogador. Esse tipo de problema costuma ser resolvido com a exibição de informações adicionais, como destaques em um mapa, uma seta ou um indicador que ajuda a direcionar o jogador.

- *Perder um jogo sem saber por quê.* Você acha que você está prestes a chegar ao topo da montanha, quando seu personagem morre de superexposição inesperadamente. Essa experiência frustrante pode acontecer porque um jogador não foi suficientemente informado sobre o estado atual do jogo. O problema pode estar no estágio 5, onde o novo estado do jogo, resultando de uma escolha, não está representado de forma suficientemente clara para o jogador.

- *Não saber se uma ação teve um resultado.* Embora isso pareça como algo que nunca aconteceria, há muitos exemplos de interatividade experimental (tal como um jogo em uma galeria realizado com sensores de movimento como dispositivos de entrada) em que o jogador nunca recebe um retorno claro sobre se uma ação foi tomada ou não. Nesse caso, há uma ruptura nas fases 3 e 4, quando um jogador está tomando uma ação e recebendo um retorno sobre os resultados.

Esses exemplos representam apenas uma pequena amostra dos tipos de problema que o design de um jogo pode ter. A anatomia de uma escolha não é uma ferramenta universal para corrigir problemas, mas pode ser especialmente útil nos casos em que o jogo está sendo interrompido por causa de uma falha no processo de tomada de decisão do jogador.

Espaço de possibilidades

Concluímos este capítulo com um trecho do livro de David Sudnow, *Pilgrim in a Microworld,* uma descrição pessoal maravilhosamente detalhada da obsessão muito real de um homem pelo videogame Breakout. Sudnow traz os leitores para o espaço da interatividade projetada por meio de descrições detalhadas do que ele experimentou — física, psicológica e emocionalmente — quando jogou. Há muito poucos documentos que oferecem uma análise tão sensível e perspicaz da interação projetada.

> Eu me pego virando minha cadeira para uma posição mais de frente para a TV. Um delírio óbvio. Talvez eu pudesse colocar um cotovelo na televisão para ajudar a sentir o ângulo de meu olhar e aprofundar um sentido de escala das coisas. Ver por esse lado e aquele, ver o lado invisível das coisas por meio de um passeio imaginário corporal do objeto. Bobagem. Se eu pudesse sentir o impacto da bola na raquete, certamente ajudaria, daria-me um marcador tátil, carimbando os lugares do gesto em uma assinatura um pouco palpável para que eu sentisse cada destino sendo alcançado e não só testemunhasse as consequências de um tiro certeiro. Bobagem.
>
> Bobagem, apenas seus olhos sobem para se fixar nas coisas de maneira que não pode senti-los fixando-se, então esse botãozinho plástico silencioso está lá, nem perto nem longe, mas em um mundo intocável sem dimensões. E entre os três vértices da interface não há nada, exceto uma teoria da eletricidade. Tudo é tão fluido que é possível escrever sua assinatura com uma consistência precisa em tamanho dentro dos limites estritos de dois a três sétimos de polegada do espaço, digamos, enquanto a caneta de alguma forma nunca entra em contato com o papel. Não há nada mais para se ater, não há sensação de peso nesse botão para que suas mãos possam sentir o grau de movimentos menores, não há profundidade nas coisas que permitam ancorar um sentido de sua própria solidez.[9]

Como designers de jogos, o que podemos colher das observações de Sudnow? Sua análise sugere que há muitas informações a serem obtidas sobre a interatividade de um jogo vendo do ponto de vista do jogador. Uma das nossas decepções com a atual escrita dos jogos e interatividade é que muita análise ocorre não do ponto de vista do jogador, mas do ponto de vista de um espectador externo. Esse estilo de jornalismo meramente observador deixa de reconhecer que essa interatividade é algo a ser experimentado, em vez de observado. Ao escrever uma descrição centrada no jogador de seu encontro com o jogo, Sudnow chama a atenção para os principais conceitos da interação projetada. Conceitos como a escolha dirigida, controle do jogador, amplificação da entrada, representação do sistema e retorno visível e direto surgem em sua meditação poética sobre a percepção, atenção, cognição e o corpo.

Criar um jogo significa projetar uma estrutura que terminará de formas complexas e imprevisíveis, um espaço de ação possível que os jogadores exploram uma vez que participam de seu jogo. Quais ações possíveis os jogadores podem tomar no decorrer de um jogo de dança das cadeiras? Eles podem prosseguir, empurrar, fazer cócegas, acotovelar ou lutar por seu lugar, assim que a música para e uma luta louca pelas cadeiras começa. O designer de jogos deve criar com cuidado um sistema de jogo no qual essas ações tenham um significado de apoio à disputa do jogo e não distraiam ou interrompam seu jogo.

Mas, os designers do jogo não projetam diretamente o jogo. Eles só projetam as estruturas e os contextos nos quais o jogo ocorre, indiretamente moldando as ações dos jogadores. Chamamos o espaço da ação futura implicada pelo design de um jogo de *espaço de possibilidades.* É o espaço de todas as ações possíveis que poderiam acontecer em um jogo, o espaço de todos os significados possíveis que podem surgir de um projeto de jogo. O conceito do espaço de possibilidades não só faz uma ponte entre a estrutura projetada e a experiência do jogador, mas também combina os conceitos-chave que apresentamos até agora. O espaço de possibilidades é *projetado* (é um espaço construído, um contexto), ele gera *sentido* (é o espaço de todos os possíveis significados), é um *sistema* (é um espaço implícito na forma como os elementos do sistema podem relacionar-se uns com os outros) e é *interativo* (é por meio do funcionamento do sistema interativo que o espaço é navegado e explorado).

O espaço de possibilidades entra em ação baseando-se nas regras e estruturas criadas pelo designer de jogos. O espaço de possibilidades é o campo de jogo onde os jogadores vão explorar, cooperar e competir, enquanto viajam pela experiência de brincar com seu jogo. Mas como David Sudnow, que deseja poder alcançar e tocar na imagem eletrônica de sua raquete do Breakout, como designer de jogos, você nunca pode criar diretamente o espaço possível de seu jogo. Você só pode construir indiretamente o espaço de possibilidades, por meio das regras que você projeta. O design de jogos é um ato de fé — nas suas regras, em seus jogadores, em seu próprio jogo. Seu jogo vai criar uma interação significativa (*meaningful play*)? Você nunca pode saber com certeza. Mas entender conceitos fundamentais — tais como design, sistemas e interatividade — pode ajudar a aproximá-lo de um resultado significativo.

Leitura complementar

Computers as Theater, de Brenda Laurel

Embora Laurel não esteja falando sobre os jogos diretamente, sua análise de uma teoria dramática da atividade entre humanos e computadores tem muitas conexões com a interatividade dos jogos. Os debates mais relevantes para o design de jogos concentram-se na mecânica da interação e no modo como as pessoas interagem com as interfaces maquínicas.

Recomendados:
Capítulo 1: The Nature of the Beast
Capítulo 5: Design Principles for Human-Computer Activity

The Design of Everyday, de Donald Norman

O livro de Norman é uma leitura obrigatória para qualquer designer envolvido no design de sistemas interativos. Sua abordagem foi formalizada mais recentemente na frase da moda "design de experiência", que coloca o usuário no centro de qualquer atividade projetada. Embora Norman esteja escrevendo sobre objetos cotidianos, como telefones e portas de automóvel, suas observações têm uma aplicação direta no design de jogos como sistemas interativos.

Recomendados:
Capítulo 1: The Psychopathology of Everyday Things
Capítulo 2: The Psychology of Everyday Actions
Capítulo 3: Knowledge in the Head and in the World

"Designing Interactive Theme Park Rides: Lessons From Disney's Battle for the Buccaneer Gold", de Jesse Schell e Joe Shochet

Nessa análise do design de uma das atrações de parques temáticos da Disney, Schell e Shochet examinam as razões do sucesso da atração. A análise é guiada pelos designs e oferece informações para ferramentas, técnicas e psicologia usadas para criar uma experiência interativa divertida e eficaz. Disponível em: <www.gamasutra.com>.

"Formal Abstract Design Tools", de Doug Church

Ao criar um dos argumentos mais sólidos para o desenvolvimento de um vocabulário comum para jogos, Doug Church estabelece um precedente para o pensamento crítico no campo emergente do design de jogos. "Formal Abstract Design Tools" é escrito de uma perspectiva do design de jogos e explora os conceitos concretos da interatividade no design da experiência do jogador. Disponível em: <www.gamasutra.com>.

Pilgrim in the Microworld, de David Sudnow

Esta descrição em primeira pessoa da verdadeira obsessão de um homem pelo jogo Breakout do Atari 2600 oferece um retrato claro da estética dos sistemas interativos. Os conceitos relacionados à anatomia de uma escolha, discernimento e integração da ação do jogador, prazer e mecanismos básicos são analisados em termos de experiência do jogador, tornando-se um recurso valioso para aqueles que pretendem compreender exatamente o que está acontecendo de momento a momento, durante o jogo.

Recomendados:
Memory
Interface
Cathexis
Eyeball
Coin

The Art of Interactive Design: A Euphorious and Illuminating Guide to Building Successful Software, de Chris Crawford

The Art of Interative Design é um livro não técnico sobre o projeto de interatividade. Crawford usa sua experiência como designer de jogos e sistemas interativos para analisar como funciona a interatividade. Para Crawford, a interação é "um processo cíclico no qual dois atores ouvem, pensam e falam alternadamente". Esse modelo conversacional da interação é utilizado em todo o texto com um bom efeito.

Recomendado:
Parte I: Capítulos 1-6

Notas

1. <dictionary.com>.

2. Stephen W. Littlejohn, *Theories of Human Communication,* 3rd edition (Belmont, CA: Wadsworth Publishing Company, 1989), p. 175.

3. Brenda Laurel, *Computers as Theater* (Reading, MA: Addison-Wesley Publishing Company, 1993), p. 112.

4. Andy Cameron, *Dissimulations: Illusions of Interactivity* (MFJ No. 28: Spring 1995), http://infotyte.rmit.edu.au/rebecca/html/dissimula-tions. html.

5. Chris Crawford, *Understanding Interactivity* (San Francisco: No Starch Press), 2002, p. 6.

6. Ibid; p. 7.

7. Doug Church, "Formal Abstract Design Tools". www.gamasutra.com, 16 de julho de 1999.

8. Jesper Juul, Computer Games and Digital Textuality. Conference at IT University of Copenhagen, 1-2 de março de 2001.

9. David Sudnow, *Pilgrim in a Microworld* (Nova York: Warner Books, 1983), p. 177.

Interatividade Resumo

- **A interatividade** está intimamente ligada aos conceitos de design, sistemas e interação significativa (*meaningful play*). Quando um jogador interage com o sistema projetado de um jogo, a interação significativa emerge.

- Há muitas definições válidas de interatividade. Por todas elas existem **quatro modos de interatividade:**

  Modo 1: Interatividade cognitiva ou participação interpretativa;

  Modo 2: interatividade funcional ou participação utilitária;

  Modo 3: Interatividade explícita ou participação com escolhas e procedimentos projetados;

  Modo 4: "Interatividade além do objeto" ou participação cultural.

- Esses quatro modos não são categorias distintas, mas maneiras sobrepostas de compreender qualquer momento de interatividade. Geralmente ocorrem simultaneamente em qualquer experiência de um sistema projetado.

- Nem toda a interação é uma **interação projetada.** Quando a interação é projetada, ela tem uma estrutura interna e um contexto que atribuem significado às ações tomadas.

- Um contexto interativo apresenta escolhas aos participantes. As **escolhas** podem ser **microescolhas** da interatividade de momento a momento ou **macroescolhas,** que se relacionam ao progresso de longo prazo da experiência do jogo.

- A unidade básica a partir da qual o significado interativo é criado é a unidade **ação > resultado.** Essas unidades são as moléculas a partir das quais os designers interativos (incluindo os designers de jogos) criam estruturas maiores de interação projetada.

- Em cada ação > resultado, o evento é uma série de cinco etapas que ajudam a construir uma escolha em um jogo. Essas etapas são expressas por meio das seguintes questões:

  1. O que aconteceu antes de o jogador ter a escolha?

  2. Como é a possibilidade de escolha transmitida para o jogador?

  3. Como o jogador fez a escolha?

  4. Qual é o resultado da escolha? Como isso afetará as futuras escolhas?

  5. Como é o resultado da escolha transmitida para o jogador?

- Cada um desses estágios representa um **evento interno,** no qual o sistema do jogo processa e recebe a escolha, ou um **evento externo,** no qual a escolha é apresentada para o jogador.

- O **espaço de possibilidade** de um jogo é o espaço de todas as ações possíveis e os significados que podem surgir no decorrer do jogo. Esse conceito une significado, design, sistemas e interatividade.

CATTLEMEN WESTERN STRATEGY GA

he game is nirtz IDE
Made in U.S.A. by Ideal Toy Corporation, Hollis, N.Y. NO. 2300-2-300

MILTON THE MONSTER GA

"Goodbye, Mr. Chips"

UBLE DRAGON Based
of the
THE BOARD GAME

POLE POSITIO

Can You Dodge The M
And Rescue The J

GLE HUNT

DEFININDO JOGOS

7

Interação lúdica

Jogos

Sistema projetado

Artificial

Conflito

Regras

Resultado quantificável

Jogos e quebra-cabeças

Jogos de RPG

A palavra [jogo] é usada para tantas atividades diferentes, que não vale a pena insistir em nenhuma definição proposta. Em suma, é um cliente lexicológico delicado, com muitos amigos e relações em uma ampla variedade de campos.

— **David Parlett,** *The Oxford History of Board Games*

O que são jogos? São coisas no sentido de artefatos? São modelos comportamentais ou simulações de situações sociais? São vestígios de antigos rituais ou ritos mágicos? É difícil e até mesmo curioso quando se tenta responder à pergunta "o que são jogos", pois se presume que os jogos são muitas coisas e, ao mesmo tempo, os jogos específicos são diferentes entre si — mas eles são?

— **E. M. Avedon,** *The Structural Elements of Games"*

Entrando pelo modo da interação lúdica significativa, seguindo um caminho de conceitos incorporados que conectam design aos sistemas e à interatividade, chegamos ao centro do nosso estudo: jogos. Por isso, é hora de definir apenas o que torna um jogo um jogo. Devemos tentar mesmo essa definição? Talvez, como o historiador de jogos David Parlett adverte na citação que abre este capítulo, qualquer tentativa de definir a palavra "jogo" é um esforço tolo. Por outro lado, se um dos nossos objetivos é ajudar a formalizar o campo do design de jogos, então parece crucial definir o objeto que é tão central para a disciplina.

Historicamente, interações lúdicas (*play*) e jogos têm sido estudados de muitas formas, desde economistas usando simulações de jogos até teóricos da literatura estudando o "jogo" ("*play*") do significado na língua e na literatura. Essas investigações estudam os jogos ou a interação a serviço do outro campo. Nossa intenção, por outro lado, é estudar a interação lúdica e os jogos no campo do design de jogos. A definição de "jogo" deve contribuir não só para distinguir o design de jogos das práticas de design, mas também nos aproximar ainda mais da compreensão da interação lúdica significativa.

Interação lúdica e jogo

Como primeiro passo, vejamos como o *jogo* (*game*) refere-se à igualmente complexa *interação lúdica* (*play*). Começamos com uma pergunta óbvia: Existe uma diferença entre as palavras "*play*" e "*game*"? Referem-se à mesma coisa? Em inglês, há uma distinção clara entre as duas palavras. Mas como David Parlett aponta em *The Oxford History of Board Games,* nem todos os idiomas separam os dois conceitos. A frase "*to play a game*" ("jogar um jogo"), em alemão e francês, por exemplo, usa versões diferentes da mesma palavra para "play" e "game". Em francês "*on joue á un jeu*"; em alemão, "*man spielt ein Spiel*".[1] Apesar de existirem muitas maneiras de definir interação e jogos, vamos aproveitar a diferença que o inglês oferece para analisar os jogos e as interações com duas ideias distintas relacionadas, mas com significados diferentes.

Acontece que interação lúdica e jogos têm uma relação surpreendentemente complexa. Interação lúdica é um termo maior e menor que "jogo", dependendo da maneira como é enquadrado. Em certo sentido, "interação lúdica" é um termo mais amplo que inclui "jogo" como um subconjunto. Por outro lado, o inverso é verdadeiro: "jogo" é o termo maior e inclui "interação lúdica" dentro dele. Considere cada uma dessas relações separadamente:

Relação 1: os jogos são um subconjunto da interação lúdica.

Se pensarmos sobre todas as atividades que poderíamos chamar de interação lúdica, desde dois cães brincando de perseguir um ao outro em um campo gramado, até uma criança cantando uma canção de ninar e uma comunidade de jogadores online, parece que somente algumas dessas formas de interação lúdica constituiriam realmente o que podemos considerar como sendo um jogo. A interação lúdica da queimada, por exemplo, é jogar um jogo: os jogadores obedecem a um conjunto de regras formais e competem para ganhar. As atividades de interação lúdica em uma gangorra ou interação lúdica em um trepa-trepa, no entanto, são formas de brincar que não constituem um jogo. A maioria das formas de interação lúdica é mais flexível e menos organizada que os jogos. Mas algumas formas de interação lúdica são formalizadas e essas formas de interação lúdica podem muitas vezes ser consideradas jogos. Nesse sentido, fica claro que "jogo" é um subconjunto de "interação lúdica". Essa é uma abordagem tipológica, que define a relação entre interação lúdica e jogos de acordo com as formas que assumem no mundo.

Relação 2: a interação lúdica é um componente dos jogos.

Em um sentido diferente, os jogos podem ser considerados como contendo uma interação lúdica. Este livro inteiro é sobre jogos e um componente dos jogos é a interação lúdica. A experiência de interação lúdica é apenas uma das muitas maneiras de olhar e entender os jogos. No fenômeno maior dos jogos, então, a interação lúdica de jogar representa um aspecto dos jogos. Embora o brincar seja um elemento crucial do conceito maior que são os jogos, "interação lúdica" é, na verdade, um subconjunto de "jogo". Em vez de tipológica, essa correspondência dos termos representa uma abordagem mais conceitual que situa a interação lúdica e os jogos no campo do design de jogos.

Essa formulação dupla de interação lúdica e jogos pode parecer contraditória, mas não é simplesmente um truque terminológico. O ponto é que há diferenças importantes entre as palavras "jogo" e "interação lúdica". O inglês pode ser uma anomalia na forma como diferencia esses dois termos, mas é uma distinção extremamente útil. Uma boa definição de jogo deve distingui-lo claramente de interação lúdica em ambos os sentidos descritos aqui.

Comparando definições

Um desafio de compreender o termo "jogo" é que ele tem muitos usos. Considere, por exemplo, muitas das formas como a palavra é utilizada em inglês:

- perna manca ou aleijada: *game* leg
- um animal caçado: *game* hunting season is open
- ser habilidoso, principalmente em esportes ou em romance: having *game*; "he got *game*"
- participar de jogos de azar/aposta: to spend a night *gaming* in Vegas
- manipulação social e psicológica: playing head *games*
- uma estratégia para conseguir um fim: playing the waiting *game* with a stubborn friend
- um campo no qual alguém ganha a vida: the writing *game* e, é claro
- *jogos de* tabuleiro, *jogos de* cartas, *jogos de* computador etc.

Para nossos propósitos, apenas um único subconjunto de todos os possíveis significados de "jogo" é relevante: a devida categoria de jogos, uma categoria que inclui jogos de tabuleiro, jogos de cartas, esportes, jogos de computador e atividades similares. Dito de outra forma, jogos são o que os designers de jogos criam. Embora essa seja uma importante qualificação, não nos aproxima de uma compreensão precisa do que é e o que não é um jogo.

Felizmente, não somos os primeiros a tentar uma definição de "jogo", então teremos uma visão detalhada e comparativa de oito definições que vêm de vários campos. Entre as definições, aparecem várias questões complicadas repetidamente. Esses problemas incluem não só articular as qualidades únicas que tornam um jogo um jogo, mas também diferenciar os jogos a partir de fenômenos semelhantes, tais como outras formas de interação lúdica, conflito e contestação. É também evidente que há uma diferença entre a definição de jogos em si e a definição do ato de jogar um jogo.

Há um ponto final em relação à diferença entre "interação lúdica" e "jogar". As definições de "jogo" a seguir foram escritas em vários idiomas e, quando traduzidas para o inglês, apresentam algumas variações entre "interação lúdica" e "jogar". Como resultado, veremos as definições de interação lúdica, assim como de "jogo" no decorrer de nossa investigação. Tenha em mente que não estamos construindo uma definição de interação lúdica (que vem em um capítulo posterior), mas estamos usando as definições de interação lúdica para lançar luz sobre o entendimento dos jogos.

Definição 1: David Parlett

David Parlett é um historiador de jogos que tem escrito muito sobre jogos de cartas e jogos de tabuleiro. Anteriormente, notamos o ceticismo de Parlett quanto à capacidade de definir o difícil termo "jogo". Mas, apesar de sua afirmação do contrário, Parlett fornece um modelo para entender os jogos.

Parlett começa fazendo uma distinção entre jogos formais e jogos informais. "Um jogo informal é simplesmente uma interação lúdica não dirigida, ou uma simples 'brincadeira', como quando as crianças ou os cachorros brincam de luta". Ele compara esse tipo de atividade com um "jogo formal":

Um jogo formal tem uma dupla estrutura com base em fins e meios:

Fins. É uma competição para atingir um objetivo. (A palavra grega para jogo é ***agôn***, que significa competir). Somente um dos concorrentes, sejam eles indivíduos ou equipes, pode atingi-lo, uma vez que seu ato de atingir termina o jogo. Atingir esse objetivo é vencer. Daí, um jogo formal, por definição, tem um vencedor; e vencer é o "fim" do jogo em ambos os sentidos da palavra, como término e como objeto.

Meios. O jogo tem um conjunto acordado de equipamentos e "regras" procedimentais por meio das quais o equipamento é manipulado para produzir uma situação vencedora.[2]

A distinção de Parlett entre jogos formais e informais aborda diretamente um dos principais desafios para se chegar a uma definição de "jogo" e distinguir os jogos de outras formas de interação lúdica. O que Parlett chama de "jogo informal" de dois filhotes brincando pode ser mais simplesmente chamado de *interação lúdica* (*play*). Sua definição de um "jogo formal" tem dois componentes principais:

- *Fins.* O fato de que um "jogo formal" é uma competição com uma meta como seu objetivo.

- *Meios.* As regras e materiais acordados por meio dos quais se ganha a competição.

Ambos os componentes — a ideia de vencer e a ideia de fazê-lo por meio de regras — são ideias-chave ao definir jogos e ao distingui-los dos outros tipos menos "formais" de interação lúdica.

Definição 2: Clark C. Abt

Em seu livro *Serious Games*, Clark C. Abt propõe a seguinte definição de jogos:

> Reduzido à sua essência formal, um jogo é uma *atividade* entre dois ou mais *tomadores de decisão* independentes buscando alcançar seus *objetivos* em um *contexto limitador*. Uma definição mais convencional seria dizer que um jogo é um contexto com regras entre os adversários tentando conquistar objetivos.[3]

A definição de Abt oferece uma compreensão dos jogos que enfatiza o papel ativo dos jogadores em um jogo. Aqui estão os quatro termos-chave que ele destaca:

- *Atividade.* Um jogo é uma atividade, um processo, um evento.

- *Tomadores de decisão.* Os jogos exigem que os jogadores tomem decisões ativamente.

- *Objetivos.* Como com a definição de Parlett, os jogos têm objetivos.

- *Contexto limitador.* Existem regras que limitam e estruturam a atividade do jogo.

Comparando a definição de Abt com a de Parlett, temos outro exemplo onde os jogos são vistos como tendo uma meta ou um objetivo. Abt aprimora a ideia de Parlett de *meios* baseados em regras, indicando que as regras são intrinsecamente limitadoras. Mas, talvez o componente mais interessante seja o reconhecimento de Abt de que os jogos são uma atividade na qual os jogadores *tomam decisões*. Sabemos com nossa análise de interação lúdica significativa que a interatividade presente nos jogos é baseada nos jogadores tomando decisões que tenham resultados significativos.

O âmbito da definição de Abt parece adequado? Uma definição de jogos pode falhar sendo tão estreita a ponto de excluir coisas que são jogos ou ser tão ampla que inclui coisas que não são jogos. Abt escreve, no mesmo volume, que a sua definição falha em ambas as descrições:

> O problema com essa definição é que nem todos os jogos são disputas entre adversários — em alguns jogos, os jogadores cooperam para atingir um objetivo comum contra uma força obstrutiva ou situação natural que não é, em si, realmente um jogador, uma vez que não tem objetivos.[4]

Abt, claro, está correto. Com a sua exigência de dois ou mais tomadores de decisão independentes na competição adversarial, sua definição é estreita demais — ela exclui os jogos cooperativos ou solitários. E, como ele continua a acrescentar, a definição é também ampla demais:

> Naturalmente, a maioria das atividades da vida real envolve tomadores de decisão independentes buscando alcançar

Regras do jogo | Salen e Zimmerman

os objetivos em algum contexto limitador…. As situações políticas e sociais muitas vezes podem também ser vistas como jogos. Cada eleição é um jogo. As relações internacionais são um jogo. Todo argumento pessoal é um jogo. E quase todas as atividades comerciais são um jogo. Se estas competições de políticos, guerra, economia e relações interpessoais forem jogadas com recursos de poder, habilidade, conhecimento ou sorte, sempre terão as características comuns das decisões recíprocas entre os atores independentes, com objetivos pelo menos parcialmente conflitantes".[5]

Guerra? Eleições? Argumentos? Os jogos toleram semelhança com outras formas de conflitos humanos. Embora existam alguns conceitos muito úteis na definição de Abt, ainda temos um longo caminho a percorrer para demarcar exatamente o que constitui e não constitui um jogo.

Definição 3: Johann Huizinga

Em 1938, o antropólogo holandês Johann Huizinga publicou um estudo pioneiro sobre o jogo como elemento da cultura, *Homo Ludens*. Entre outras coisas, *Homo Ludens* fornece uma definição do que Huizinga chama de "jogo" (*"play"*):

> [O jogo ou a brincadeira é] uma atividade livre, ficando conscientemente tomada como "não séria" e exterior à vida habitual, mas ao mesmo tempo capaz de absorver o jogador de maneira intensa e total. É uma atividade desligada de todo e qualquer interesse material, com a qual não se pode obter qualquer lucro. Ela é praticada dentro de seus próprios limites de tempo e espaço de acordo com regras fixas e de uma maneira ordenada. Promove a formação de agrupamentos sociais, que tendem a se cercar de sigilo e sublinhar a sua diferença em relação ao mundo comum, por disfarce ou outros meios.[6]

Nessa definição, Huizinga afirma que a interação lúdica:

- está fora da vida ordinária;
- "não é séria";
- é totalmente absorvente;
- não deve ser associada a nenhum interesse material ou lucro;

- acontece em suas próprias limitações de tempo e espaço;
- prossegue de acordo com as regras;
- cria grupos sociais que se separam do mundo exterior.

Um dos pontos fortes dessa definição é que Huizinga consegue identificar algumas das qualidades mais evasivas e abstratas da interação lúdica. A ideia de que a interação lúdica é absolutamente absorvente, mas também não é séria, por exemplo, descreve maravilhosamente a sensação de estar em interação lúdica. Por outro lado, não está claro se essas qualidades experimentais ajudarão a definir um jogo: só porque um jogo mal projetado falha em ser absorvente não significa que ele não é um jogo. Outros aspectos de sua definição, tais como a sua ênfase na separação da interação lúdica da vida comum e o fato de que a interação lúdica ocorre dentro de limites especiais de tempo e espaço, apontam para a artificialidade intrínseca dos jogos. Essa característica de artificialidade é uma qualidade de definição dos jogos? Veremos.

A definição de Huizinga inclui muitas ideias importantes, mas, no geral, tem alguns problemas. Vários componentes — por exemplo, o fato de que a interação lúdica cria grupos sociais — tratam dos efeitos da interação lúdica e dos jogos, em vez dos jogos em si. Outros elementos, tais como a negação de ganho material na interação lúdica, estão estreitamente ligados ao projeto ideológico de *Homo Ludens*. No final, a generalidade inclusiva da definição de Huizinga é sua maior fraqueza. Por exemplo, em última análise, ele não diferencia *"play"* e *"game"*, ou "interação lúdica" e "jogo".

Definição 4: Roger Caillois

Expandindo o trabalho de Huizinga na década de 1960, o sociólogo francês Roger Caillois publicou *Les jeux et les hommes*, um livro que é, sob muitos aspectos, uma resposta direta a *Homo Ludens*. Caillois também apresenta uma definição de interação lúdica, descrevendo-a como sendo:

- *Livre*. A interação lúdica não é obrigatória; se fosse, perderia de uma só vez sua qualidade atrativa e alegre como diversão.

- *Separada.* Circunscrita dentro dos limites de espaço e tempo, definida e fixada antecipadamente.

- *Incerta.* O curso da qual não pode ser determinado, nem o resultado obtido previamente e alguma margem para as inovações deixadas para a iniciativa do jogador.

- *Improdutiva.* Não cria bens, riqueza, nem elementos novos de qualquer espécie; e, com exceção da troca de bens entre os jogadores, termina em uma situação idêntica à que prevalecia no início do jogo.

- *Regida por regras.* Sob convenções que suspendem as leis ordinárias e no momento, estabelecem uma nova legislação, que conta sozinha.

- *Faz-de-conta.* Acompanhado por uma consciência especial de uma segunda realidade ou fantasia livre, como em oposição à vida real.[7]

Algumas dessas ideias fizeram parte das definições anteriores; várias são novas. Toda definição, até então, inclui uma referência ao fato de que o jogo é regido por regras. As ideias de que o jogo existe em um espaço separado e não cria capital são emprestadas de Huizinga. Caillois, porém, estende um entendimento da interação lúdica descrevendo-a como livre ou voluntária, salientando que o fim de um jogo é incerto, e associando o jogo a um sentimento de faz-de-conta.

Todos os elementos que Caillois lista realmente descrevem os jogos? Embora pareçam fazer um sentido natural, é possível pensar nas situações onde os jogos não são voluntários, incertos ou um faz-de-conta. Se você for pressionado por seus amigos a jogar um jogo que não quer jogar, ainda será um jogo? Se um mestre de xadrez jogar contra um novato, o resultado do jogo será incerto para o mestre de xadrez? Há um elemento de faz-de--conta no Jogo da Velha?

Um problema central com a definição de Caillois é que, assim como a definição de Huizinga, ela é ampla demais para nossos propósitos. Em *Les jeux et les hommes*, Caillois inclui, sob a rubrica de interação lúdica, atividades tais como teatro e combate informal. Embora essas atividades possam ser consideradas uma interação lúdica, estamos procurando uma definição mais restrita que aborda o caso específico dos jogos.

Definição 5: Bernard Suits

Bernard Suits é um filósofo com um forte interesse em jogos. Seu divertido livro *Grasshopper: Games, Life and Utopia* reconta a fábula da Cigarra e as Formigas; é também uma investigação profunda sobre a natureza dos jogos. Suits oferece esta definição de jogos:

> Interagir em um jogo é engajar-se em uma atividade direcionada para produzir um determinado estado de coisas, usando apenas meios permitidos pelas regras, em que as regras proíbem meios mais eficientes em favor dos menos eficientes, e em que tais regras são aceitas apenas porque possibilitam essa atividade.[8]

— ou de forma mais sucinta —

> Também ofereço a seguinte versão mais simples e, por assim dizer, mais portável do que precede: interagir em um jogo é o esforço voluntário para superar os obstáculos desnecessários.[9]

Embora as definições de Suits pareçam abstratas, ele está cobrindo um território familiar. Aqui estão os principais elementos de ambas as versões:

- *Atividade.* Como com Abt, Suits enfatiza a atividade de interagir em um jogo.

- *Voluntário.* Os jogos são livremente iniciados.

- *Um determinado estado das coisas.* Os jogos têm um objetivo.

- *Regras.* Como nas definições anteriores, Suits identifica as regras como um componente dos jogos.

- *Ineficiência.* As regras dos jogos limitam o comportamento, tornando-o menos eficiente.

- *As regras são aceitas.* Interagir em um jogo significa aceitar as regras.

Outras definições incluíam muitos desses elementos: o fato de que um jogo é uma atividade, que é voluntário, tem um objetivo e envolve regras. Entretanto, Suits adiciona algumas novas ideias à mistura. Quando ele afirma que "as regras proíbem os meios mais eficientes em favor dos menos eficientes… essas regras são aceitas apenas porque tornam tal atividade possível", ele está se referindo ao que ele chama de *atitude lúdica*, o estado mental peculiar dos jogadores. Parte da atitude lúdica é que as regras de um jogo tornam a interação lúdica ineficiente: se um corredor quisesse cruzar a linha de chegada o mais eficientemente possível, ele poderia sair da pista e atravessar o campo — mas as regras dizem para ele ficar dentro das linhas brancas. Outro componente da atitude lúdica é que os jogadores aceitam essas regras, assumindo os "obstáculos desnecessários" de um jogo simplesmente porque eles tornam o jogo possível. Suits realmente está apontando o caminho de que os jogos criam *significado* quando os jogadores aceitam essas regras, metas e obstáculos para poder jogar.

Por mais criteriosa que essa definição seja, é importante notar que Suits não oferece uma definição de jogo, mas uma definição do ato de *jogar um jogo*. Na verdade, as definições de Huizinga e Caillois focam similarmente na atividade do jogar, em vez dos jogos em si. Mas as próximas duas definições vão aproximar-nos ainda mais do território dos jogos em si.

Definição 6: Chris Crawford

Chris Crawford é um designer de jogos de computador pioneiro que tem escrito muito sobre o design de jogos, narrativa e interatividade. Em seu influente livro *The Art of Computer Game Design*, Crawford não oferece uma definição sucinta dos jogos, mas lista quatro qualidades primárias que definem a categoria das coisas que chamamos de jogos: representação, interação, conflito e segurança. Reunimos trechos do primeiro capítulo de seu livro, em que ele resume essas quatro qualidades:

> *Representação*. Um jogo é um sistema fechado formal que representa subjetivamente um subconjunto da realidade. Por "fechado", quero dizer que o jogo é completo e autossuficiente como uma estrutura. O modelo de mundo criado pelo jogo é internamente completo; nenhuma referência precisa ser feita para os agentes fora do jogo. Por formal quero dizer apenas que o jogo tem regras explícitas. Um jogo é uma coleção de partes que interagem entre si, muitas vezes de maneiras complexas. É um sistema. Um jogo cria uma representação subjetiva e deliberadamente simplificada da realidade emocional.[10]
>
> *Interação lúdica*. A coisa mais fascinante sobre a realidade não é o que ela é ou mesmo se ela muda, mas *como* muda, a intrincada teia de causa e efeito, através da qual todas as coisas são amarradas. A única maneira de representar adequadamente essa teia é permitir que o público explore seus recônditos, para deixá-lo gerar as causas e observar os efeitos. Os jogos fornecem esse elemento interativo e é um fator crucial do seu apelo.[11]
>
> *Conflito*. Um terceiro elemento que aparece em todos os jogos é o conflito. O conflito surge naturalmente da interação em um jogo. O jogador está ativamente buscando algum objetivo. Os obstáculos o impedem de alcançar facilmente esse objetivo. O conflito é um elemento intrínseco de todos os jogos. Ele pode ser direto ou indireto, violento ou não, mas está sempre presente em cada jogo.[12]
>
> *Segurança*. Conflito implica perigo; perigo significa risco de dano; dano é indesejável. Portanto, um jogo é um artifício usado para fornecer a experiência psicológica de conflito e perigo, excluindo suas realizações físicas. Em suma, um jogo é uma maneira segura de experimentar a realidade. Mais precisamente, os resultados de um jogo sempre são menos adversos do que as situações que o jogo modela.[13]

Podemos considerar cada uma dessas quatro qualidades separadamente. A noção de Crawford de *representação* é uma reminiscência da qualidade do faz-de-conta listada por Caillois. Mas Crawford leva o conceito um passo adiante, ligando a capacidade de jogo para a representação diretamente às suas regras e a seu *status* como um *sistema* de peças interligadas. Na verdade, a definição de Crawford é a primeira a chamar explicitamente jogos de sistema, talvez porque ele seja o primeiro desses autores que escrevem de um ponto de vista de jogos digitais. Estritamente ligado à natureza sistêmica dos jogos, está o elemento de *interação* de Crawford. Seu esquema de "causa e efeito" interativos compara-se às ideias de ação e resultado descritas no capítulo anterior.

A definição de Crawford menciona *conflito* pela primeira vez. Embora a "disputa para alcançar um objetivo" de Parlett e "disputa entre adversários" de Abt impliquem conflito, Crawford menciona conflito de maneira explícita, ligando-o diretamente ao fato de que os jogos têm objetivos. Sua característica final dos jogos, *segurança*, ecoa a ênfase feita em outras definições sobre a artificialidade dos jogos, que ocorrem em um espaço e tempo separados da vida ordinária. Embora essas quatro características descrevam os jogos, não são, estritamente falando, definidoras.

Definição 7: Greg Costikyan

Greg Costikyan, um designer de jogos e escritor, que foi o autor de muitos artigos sobre jogos, propõe uma definição para o termo em seu ensaio: "I Have No Words and I Must Design":[14]

> Um jogo é uma forma de arte na qual os participantes, denominados jogadores, tomam decisões a fim de gerenciar os recursos por meio das fichas do jogo em busca de um objetivo.

Os termos-chave nessa definição são:

- *Arte*. Os jogos são identificados como uma forma de cultura.
- *Jogadores que tomam decisão*. Os jogos exigem uma participação ativa quando as escolhas são feitas.
- *Gerenciamento de recursos*. As decisões do jogador dependem da manipulação dos recursos.
- *Fichas do jogo*. Os meios pelos quais os jogadores representam suas decisões.
- *Objetivo*. Um jogo tem um objetivo.

Tal como Crawford, Costikyan é influenciado pelo design de jogos digitais e compartilha uma ênfase na tomada de decisões, uma qualidade interativa de jogar um jogo. Embora seu conhecimento do objetivo de um jogo seja algo mencionado em outras definições, a formulação de Costikyan tem um número de elementos exclusivos. Por exemplo, é a única definição que omite a qualidade especial das regras ao definir um jogo. Também notável é uma explicação detalhada da qualidade sistemática de um jogo: a maneira como os jogadores gerenciam os recursos do jogo por meio das fichas do jogo. Nesse sentido, Costikyan também é o único escritor a vincular jogos a arte ou a qualquer outra prática cultural. Apesar de também enfatizarmos o fato de que os jogos são culturais, a decisão de Costikyan de associar jogos a "arte" é menos útil para os nossos propósitos. Rotular os jogos como arte enreda-os nos debates contemporâneos sobre jogos e arte, alta cultura e baixa cultura, e o *status* social dos jogos. Sem dúvida, essa é a intenção provocadora de Costikyan.

Definição 8: Elliot Avedon e Brian Sutton-Smith

Brian Sutton-Smith talvez seja o estudioso mais fértil e importante das interações e dos jogos no século XX. Em *The Study of Games*, que Sutton-Smith coeditou com Elliot Avedon, os autores apresentam uma definição concisa e extremamente poderosa de jogos:

> Jogos são um exercício de sistemas de controle voluntário, em que há uma competição entre forças, limitadas por regras para produzir um desequilíbrio.[15]

Os elementos essenciais dessa definição são:

- *Exercício dos sistemas de controle*. Os jogos envolvem alguma forma de atividade física ou intelectual.
- *Voluntário*. Os jogos são livremente iniciados.
- *Competição entre poderes*. Os jogos incorporam um conflito entre os jogadores.
- *Confinados por regras*. A natureza limitadora das regras é enfatizada.
- *Resultado desequilibrado*. O resultado de um jogo é um estado de objetivo alcançado, que é diferente do estado inicial do jogo.

Embora nenhum desses elementos seja inteiramente original para essa definição, a força da formulação Avedon e Sutton-Smith está no fato de ela ser compacta, clara e abordar os jogos em si, em vez da atividade de jogá-los. Elegantemente estreita em seu escopo, sua definição demarca claramente os jogos das atividades menos formais do brincar. Por outro lado, não contém todos os elementos encontrados em outras definições. Talvez, seja hora de voltar e fazer um balanço.

Uma comparação

A tabela a seguir resume os elementos de um jogo, tal como descrito em cada uma das definições.

Ao simplificar as ideias complexas em uma grade de elementos comuns, grande parte do contexto e da sutileza das ideias dos autores é claramente perdida. Cada autor define jogos por razões particulares em contextos específicos; por exemplo, com exceção de Chris Crawford e Costikyan Greg, nenhum dos autores está operando de dentro do campo do design de jogos. Por

Elementos de uma definição de jogo	Parlett	Abt	Huizinga	Caillois	Suits	Crawford	Costikyan	Avedon | Sutton-Smith
Procede de acordo com regras que limitam os jogadores	√	√	√	√	√	√		√
Conflito ou competição	√					√		√
Orientado a objetivos/ orientado a resultados	√	√			√		√	√
Atividade, processo ou evento		√			√			√
Envolve a tomada de decisões		√				√	√	
Não é sério e absorvente			√					
Nunca associada ao ganho material			√	√				
Artificial/Segura/Fora da vida comum			√	√		√		
Cria grupos sociais especiais			√					
Voluntária				√	√			√
Incerto				√				
Faz-de-conta/ Representacional				√		√		
Ineficiente					√			
Sistema de partes/Recursos e fichas						√	√	
Uma forma de arte							√	

outro lado, essa dissecação canibalística de suas abordagens para definir os jogos produz alguns resultados comparativos interessantes. Todos os autores, exceto Costikyan, incluem regras como um componente-chave. Além disso, não há um consenso claro. Embora 10 dos 15 elementos sejam compartilhados por mais de um autor, além de regras e objetivos, não há nenhuma concordância pela maioria dos autores sobre qualquer um desses elementos.

É claro que nem todos os elementos precisam ser incluídos em uma definição de jogo. Alguns elementos, tais como os jogos sendo voluntários ou ineficientes, não parecem aplicar-se a todos os jogos. Outros, como, por exemplo, o fato de que os jogos criam grupos sociais, descrevem os efeitos dos jogos, em vez dos jogos em si. Ainda outros elementos, tais como a qualidade representacional ou o faz-de-conta dos jogos, aparecem em muitos outros meios e não ajudam a diferenciar os jogos de outros tipos de experiências projetadas.

Nossa definição

Reunir os elementos das definições anteriores e reduzir gradualmente as partes desnecessárias deixa-nos com a seguinte definição:

Um *jogo* é um sistema no qual os jogadores se envolvem em um conflito artificial, definido por regras, que implica um resultado quantificável.

Essa definição lembra estruturalmente a de Avedon e Sutton-Smith, mas contém conceitos de muitos dos outros autores também. Eis as principais ideias da definição:

Sistema. Introduzimos o conceito de um sistema no Capítulo 5. Os sistemas são fundamentais para nossa abordagem dos jogos.

Jogadores. Um jogo é algo que um ou mais participantes jogam ativamente. Os jogadores interagem com o sistema de um jogo para experimentar a interação lúdica do jogo.

Artificial. Os jogos mantêm um limite da chamada "vida real" no tempo e no espaço. Embora, obviamente, os jogos ocorram no mundo real, a artificialidade é uma de suas características definidoras.

Conflito. Todos os jogos incorporam uma disputa de poderes. A competição pode ter várias formas, desde a cooperação até a competição, desde conflitos individuais com um sistema de jogo até conflitos sociais multijogador. O conflito é central para os jogos.

Regras. Concordamos com os autores que as regras são uma parte crucial dos jogos. As regras fornecem a estrutura a partir da qual surge o jogo, delimitando o que o jogador pode ou não fazer.

Resultado quantificável. Os jogos têm um objetivo ou resultado quantificável. Ao final de um jogo, um jogador venceu, perdeu ou recebeu algum tipo de pontuação. Um resultado quantificável é o que normalmente distingue um jogo das atividades lúdicas menos formais.

Para o resto deste livro, essa definição é o que queremos indicar quando dizemos "jogo". Aplica-se a todos os tipos de jogos, desde jogos de computador e videogames até jogos de salão e esportes. Também podemos usar essa definição para definir o campo de estudo no centro deste livro:

Design de jogos é o processo pelo qual um designer de jogos cria um jogo, a ser encontrado por um jogador, a partir do qual surge a interação lúdica significativa.

Você não está feliz por finalmente saber do que trata este livro?

O quebra-cabeça dos quebra-cabeças

Essa definição de jogos é intencionalmente bastante estreita. Não é nossa intenção compreender os fenômenos gerais do jogo, mas demarcar claramente o domínio dos jogos e do design de jogos. Mas a definição é estreita *demais*? Existem coisas que são claramente jogos, mas não se enquadram nessa definição? Este capítulo sobre a de-

finição de jogos é concluído com a abordagem de dois tipos de jogo-atividades que podem ou não se encaixar na categoria de jogos que essa definição delineia. Esses "casos limite" ajudarão a esclarecer como essa definição pode ajudar-nos a investigar fenômenos como o jogo.

Primeiro, quebra-cabeças. De acordo com o designer de quebra-cabeças e jogos Scott Kim, os quebra-cabeças são diferentes dos jogos porque os quebra-cabeças têm uma resposta correta ou resultado correto. Pense em um jogo de palavras cruzadas: o designer cria a resposta correta e a atividade do jogador consiste em tentar reconstruir essa resposta. Esta é uma situação muito diferente de um jogo de pôquer, por exemplo, no qual não há nenhuma "resposta certa" fixa proposta pelo criador do jogo. Em vez disso, no pôquer, os jogadores tomam decisões complexas a cada momento, tendo em conta a dinâmica em constante mudança do jogo.

Mas isso não significa que um quebra-cabeça não seja um jogo. Lembre-se de nossa definição:

Um *jogo* é um sistema no qual os jogadores se envolvem em um conflito artificial, definido por regras, que resulta em um resultado quantificável.

Um jogo de palavras cruzadas contém todos os elementos dessa definição. É um sistema de quadrados, letras e pistas, no qual um jogador segue as regras a fim de chegar a um resultado adequado. Embora o conflito seja entre o jogador e o sistema, em vez de ser entre um conjunto de jogadores, um jogo de palavras cruzadas é mais certamente um jogo. Na verdade, todos os tipos de quebra-cabeças são jogos. Eles podem ser considerados um subconjunto especial de jogos, mas atendem claramente os requisitos da definição.

Às vezes, é difícil determinar se um jogo é um quebra-cabeça ou não. Em seu artigo, "What is a Puzzle?",[16] Kim referencia o designer de jogos Kevin Maroney, que aponta o jogo Paciência como um caso limite. Se pensarmos o jogo Paciência como uma atividade aberta que pode ser jogada de muitas maneiras, ela não é um quebra-cabeça. Por outro lado, como afirma Kim, "na verdade, é uma espécie de quebra-cabeça, uma vez que todo baralho dado tem uma solução definitiva (ou, às vezes, não há nenhuma solução). Embaralhar as cartas é uma forma de gerar aleatoriamente um novo quebra-cabeça".[17]

Não vamos nos perder em minúcias. Em nossa opinião, todos os quebra-cabeças são jogos, embora constituam um tipo especial de jogo. Pensar em um jogo como um quebra-cabeça, um jogo com uma resposta correta ou um conjunto de respostas pode ser uma maneira útil de enquadrar um jogo. Por exemplo, está faltando uma forma de interação lúdica no seu jogo de aventura em 3D? Talvez seja um quebra-cabeça, com todos os resultados predeterminados, e você precisa facilitar o design geral para afastá-lo do território do quebra-cabeça. Alternativamente, se o seu jogo de aventura for aberto demais, talvez você possa injetar um quebra-cabeça e assim melhorar o senso de realização do jogador. A ideia do "quebra-cabeça" pode ser uma maneira útil de enquadrar os problemas de design de jogos.

RPGs

O segundo "caso limite" do jogo são os jogos de interpretação de personagens (*role playing games* ou RPGs). Fora do computador, são jogos, tais como Dungeons & Dragons, nos quais os jogadores interpretam personagens em um mundo imaginário. Os jogos digitais com papéis podem ser aventuras com apenas um jogador, como, por exemplo, os clássicos jogos Ultima, ou mundos comunitários multijogador, tais como o EverQuest. Em ambos os casos, o jogador controla e desenvolve um personagem ao longo do tempo em um contexto narrativo.

RPGs certamente têm as armadilhas dos jogos. Um RPG de tabuleiro normalmente envolve dados, livros de regras, estatísticas e uma quantidade razoável de jogo estratégico. RPGs incorporam claramente todos os componentes da nossa definição de jogo, com exceção de um: um resultado quantificável. Como um jogador de RPG, você se move pelas histórias do jogo, seguindo regras, superando obstáculos, realizando tarefas e, em geral, aumentando as habilidades de seu personagem. O que normalmente falta, no entanto, é um objetivo para o jogo. RPGs são estruturados como narrativas seriais que crescem e evoluem a cada sessão. Às vezes, eles acabam; outras, não. Mesmo que um personagem morra, o jogador pode voltar como um personagem diferente. Em outras palavras, não há um objetivo pelo qual todos os jogadores se esforçam para alcançar em um RPG. Se o jogo termina, isso não ocorre de modo quantificável,

com os jogadores ganhando, perdendo ou recebendo uma pontuação. Gary Gygax, cocriador do Dungeons & Dragons, concordaria: "O jogo Dungeons & Dragons avançado é, assim como a maioria dos RPGs, aberto. Não há 'vencedor', nenhum objetivo final, a disputa cresce e muda à medida que amadurece".[18] Isso é válido para os RPGs multijogador digitais e não digitais. (Observe que os RPGs digitais com um jogador são estruturados de forma diferente — geralmente com um resultado vencedor no estilo dos jogos de aventura.)

Com base nessa descrição, poderia parecer que os RPGs multijogador não são, na verdade, jogos. Entretanto, parece ser uma conclusão ridícula, porque os RPGs estão intimamente associados ao desenvolvimento de jogos e à cultura de jogos. Nossa posição é esta: O RPG pode ser enquadrado de ambas as maneiras — como tendo ou não um resultado quantificável. Se você examinar o jogo inteiro, pode não haver um objetivo único, quantificável e predominante. Mas, se você considerar as missões entre as sessões que os jogadores completam, os objetivos pessoais que eles definem para si próprios, os níveis de poder que eles atingem, aí sim, os RPGs terão resultados quantificáveis. Nesse sentido, um RPG é um sistema maior que facilita o jogo em si, dando origem a uma série de resultados que se acumulam uns sobre os outros ao longo do tempo. O designer de jogos Greg Costikyan coloca desta forma: "Não há condições de vitória, é verdade. Mas certamente [RPGs] têm objetivos, muitos dos quais você tem que escolher. Acumule os pontos de experiência. Ou cumpra a missão que seu amigável Game Master simplesmente impôs a você. Ou reconstrua o império e afaste o colapso final da civilização. Ou tente a perfeição espiritual. Seja o que for".[19]

É possível, claro, que os RPGs fiquem mais parecidos com um jogo. Nas convenções do jogo, muitas vezes há jogos do tipo "torneio", nos quais os jogadores ou as equipes ganham pontos completando determinadas ações e atingindo metas, e um único vencedor pode, de fato, ser declarado. Por outro lado, existem RPGs que reduzem o poder da ênfase, estatísticas e avanço, e no seu lugar concentram-se em contar histórias e nas narrativas. Essa forma de RPG parece muito diferente dos jogos como os definimos.

Os RPGs não são o único tipo de atividade lúdica que existe na fronteira de nossa definição. Um programa de computador, como o Sim City, não tem objetivos explícitos e, dessa forma, é mais parecido com um brinquedo do que um jogo. Mas, como seu criador, Will Wright, tem afirmado muitas vezes, os jogadores podem transformá-lo em um jogo construindo suas próprias metas. Isto torna o Sim City uma atividade lúdica informal ou um jogo formalizado? Tudo depende de como ele é enquadrado.

Às vezes, a resposta para a questão de o jogo ser ou não um jogo está nos olhos de quem vê. Qualquer definição de um fenômeno tão complexo quanto os jogos encontrará situações em que a aplicação da definição é um pouco nebulosa. Em vez de ver esses momentos como uma ruptura da definição, podemos vê-los como oportunidades valiosas para entender jogos como um todo. O terreno ao longo das fronteiras das definições mais rígidas oferece um solo fértil para o conhecimento e a investigação. Nesses espaços lúdicos e liminares, as suposições são desafiadas, as ideias evoluem e as definições mudam. É esse tipo de jogo de transformação que está no coração do nosso modelo de design de jogos.

Leitura complementar

Les jeux et les hommes, de Roger Caillois
Um livro que se desenvolve diretamente com base na obra *Homo Ludens* de Johann Huizinga, *Les jeux et les hommes, do* filósofo Roger Caillois, tem um projeto semelhante: identificar e analisar o fenômeno geral da interação lúdica e posicionar a sua maior importância dentro da cultura. Para nossos propósitos, seus capítulos iniciais sobre a definição e a classificação são os mais úteis, fornecendo tipologias criteriosas e definições para a compreensão da interação lúdica dentro e fora dos jogos.

Recomendados:
I. Définition du jeu
II. Classification des jeux

Notas

1. David Parlett, *The Oxford History of Board Games* (Nova York: Oxford University Press, 1999), p. 1.

2. Ibid. p. 3.

3. Clark C. Abt, *Serious Games* (Nova York: Viking Press, 1970), p. 6.

4. Ibid. p. 7.

5. Ibid. p. 7-9.

6. Johann Huizinga, *Homo Ludens: A Study of the Play Element in Culture* (Boston: Beacon Press, 1955), p. 13.

7. Roger Caillois, *Man, Play, and Games,* Translated from the French by Meyer Barash (Champaign: University of Illinois Press, 2001), p. 9-10.

8. Bernard Suits, *Grasshopper: Games, Life, and Utopia* (Boston: David R. Godine,1990), p. 34.

9. Ibid. p. 41.

10. Chris Crawford, *The Art of Computer Game Design*. <http://www.van-couver.wsu.edu/fac/peabody/game-book/Coverpage.html>.

11. Ibid.

12. Ibid.

13. Ibid.

14. Greg Costikyan, "I Have No Words and I Must Design". *Interactive Fantasy* #2, 1994 <www.geocities.com/SiliconValley/Bay/2535/nowords.html>.

15. Elliott Avedon and Brian Sutton-Smith, eds, *The Study of Games* (Nova York: John Wiley & Sons, 1971), p. 405.

16. Scott Kim, "What is a Puzzle?" <www.scottkim.com/articles.html>.

17. Ibid.

18. Gary Gygax, *Advanced Dungeons and Dragons Players Handbook* (Lake Geneva: TRS Hobbies, 1978), p. 7.

19. Costikyan, "I Have No Words and I Must Design". <http://www.geocities.com/SiliconValley/Bay/2535/nowords.html>.

Definindo jogos — Resumo

- As palavras **play** (interação lúdica) e **game** (jogo) têm uma relação única no idioma inglês. Há duas formas de enquadrar suas relações, com ambas sendo úteis:

  1. **Os jogos são um subconjunto da interação lúdica**. A categoria da interação lúdica representa muitos tipos de atividades lúdicas. Algumas dessas atividades são jogos, mas muitas não o são. Nesse sentido, os jogos estão contidos na interação lúdica.

  2. **A interação lúdica é um subconjunto dos jogos.** Os jogos são fenômenos complexos e há muitas maneiras de enquadrá-los e compreendê-los. **REGRAS, INTERAÇÃO LÚDICA** e **CULTURA** são três aspectos do fenômeno dos jogos. Nesse sentido, a interação lúdica está contida nos jogos.

- **Um *jogo* é um sistema no qual os jogadores se envolvem em um conflito artificial, definido por regras, que resulta em um resultado quantificável.** Os elementos-chave dessa definição são o fato de que um jogo é um sistema, os jogadores interagem com o sistema, um jogo é um exemplo de conflito, o conflito nos jogos é artificial, as regras limitam o comportamento dos jogadores e definem o jogo, e cada jogo tem um resultado quantificável ou objetivo.

- Um **quebra-cabeça** é um tipo especial de jogo no qual há uma única resposta correta ou um conjunto de respostas corretas. Todos os quebra-cabeças são jogos.

- Os **jogos de interpretação de personagem** (*role-playing games*, RPGs) multijogador não possuem claramente um resultado quantificável. Se eles se enquadram ou não na definição de um jogo depende da forma como são enquadrados. Como acontece com outras experiências de jogo aberto, tal como Sim City, os RPGs têm metas quantificáveis emergentes, mas, em geral, nenhum resultado único e predominante.

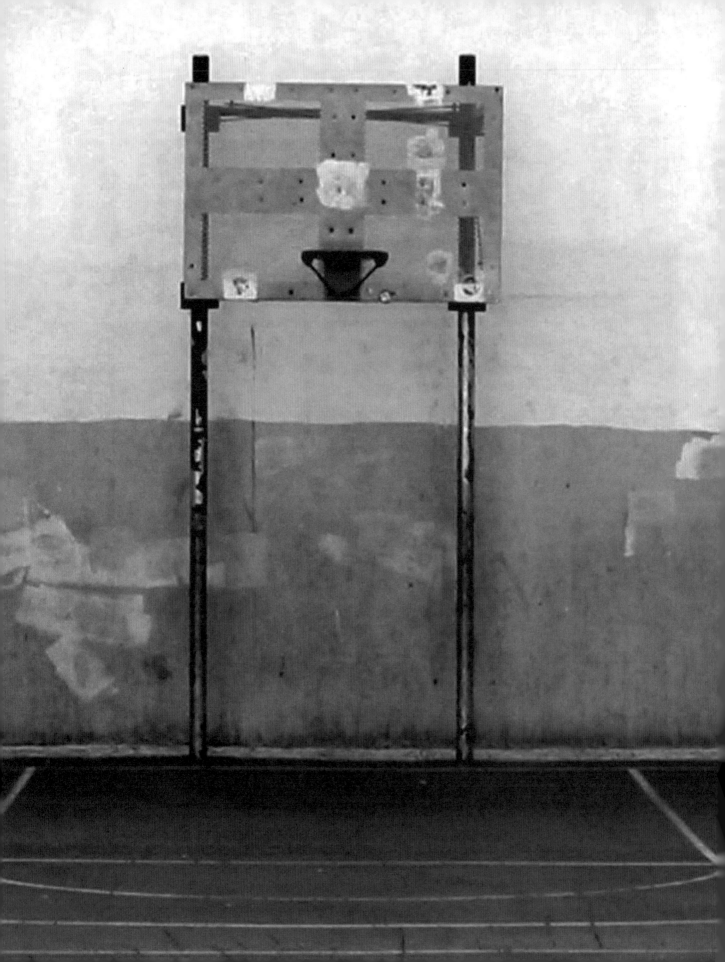

DEFININDO JOGOS DIGITAIS

8

interatividade imediata
entrada e saída restritas
manipulação da informação
automação
comunicação em rede

[O videogame] é o brinquedo mais complexo já construído e é muito mais responsivo do que qualquer outro brinquedo jamais inventado. Compare-o, por exemplo, com os seus contemporâneos, a boneca Chatty Cathy, que tem cerca de uma dúzia de frases diferentes com as quais responder quando você puxa a corda. Chatty Cathy não leva em conta a variedade de suas respostas, o computador sim. Chatty tem uma dúzia de respostas; o computador tem milhões.

— **Brian Sutton-Smith**, *Toys as Culture*

A definição de "jogo" proposta no capítulo anterior não faz distinção entre os jogos digitais e não digitais — as qualidades que definem um jogo em uma mídia também o definem em outra. A maioria dos pensadores, cujas definições exploramos, escreveu antes da invenção dos jogos de computador, muito menos antes da recente explosão da indústria dos videogames. Mas os jogos de computador e videogames são uma parte importante da paisagem do jogo, pois trazem uma série de qualidades únicas e preocupações para a prática do design de jogos. Antes de prosseguirmos, neste capítulo, veremos rapidamente as qualidades especiais dos jogos digitais.

O computador não é um computador

Os jogos digitais e eletrônicos assumem uma grande quantidade de formas e são projetados para muitas plataformas de computadores diferentes. Esses incluem jogos para computadores pessoais ou consoles de jogo conectados à TV, tais como o Playstation da Sony ou o Microsoft XBox; dispositivos de jogos portáteis, como, por exemplo, o Nintendo Game Boy Advance ou os portáteis de apenas um jogo; jogos para PDAs ou telefones celulares; e jogos para máquinas arcade ou parques de diversões. Jogos digitais e eletrônicos podem ser projetados para um único jogador, para um pequeno grupo de jogadores ou para uma grande comunidade. Para simplificar, vamos nos referir a todas essas formas de jogo como *jogos digitais.*

Os jogos digitais são sistemas, assim como todos os outros jogos analisados até agora. O meio físico do computador é um elemento que compõe o sistema do jogo, mas não representa todo o jogo. O hardware e o software do computador são apenas os materiais dos quais o jogo é composto. Não é possível dizer que um baralho de cartas UNO é a mesma coisa que o jogo UNO. Porém, as pessoas frequentemente caem nesse tipo de pensamento quando se trata de descrever os jogos digitais. Vejamos um exemplo simples de um jogo digital: o jogo Tetris para a plataforma Nintendo Game Boy, um tipo de computador de mão (*handheld*). O sistema do jogo é constituído inteiramente pelo console Game Boy e o cartucho do jogo Tetris? Conforme descrito em *Sistemas*, os quatro elementos de um sistema são objetos, atributos, relacionamentos e um ambiente.

As identidades atribuídas a esses elementos em um jogo dependem da forma como o jogo é enquadrado: como um sistema formal de regras, como um sistema experimental de jogo ou como um sistema contextual incorporado nos sistemas maiores da cultura.

Para ver como funciona essa análise na presente discussão dos jogos e da tecnologia digital, começamos com o quadro mais amplo — a cultura — e seguimos nosso caminho. Se virmos o Tetris como um sistema do *contexto cultural*, o software e o hardware reais do jogo serão um componente relevante, mas dificilmente contarão toda a história. Ao considerar o Tetris no contexto da cultura, seria preciso incluir elementos, tais como revistas de fãs de jogos (*Nintendo Power,* por exemplo), fabricação, marketing e aspectos econômicos do console Game Boy, a identidade cultural híbrida do jogo (o designer original do Tetris, o russo Alexy Pajitnov, e a editora japonesa Nintendo), a demografia dos jogadores e assim por diante. Teríamos de levar em conta cada um desses componentes. Os elementos exatos a investigar dependem da leitura cultural específica empreendida. Em qualquer caso, culturalmente falando, o aspecto tecnológico do Tetris é apenas um elemento entre muitos outros.

Agora, considere o *jogo experimental* Tetris: as relações cognitivas e psicológicas, físicas e emocionais que surgem entre um jogador e o jogo. Nesse caso, os elementos do sistema são constituídos por: 1) jogador e 2) console do Game Boy Advance. O circuito de interação entre jogador e jogo é executado em uma espécie de loop quando o jogador joga, respondendo ao jogo ao mesmo tempo que o jogo responde ao jogador. Nesse quadro, a tecnologia digital em si é uma parte do sistema, mas certamente não a constitui inteiramente.

Estreitando o foco para as *regras formais* do Tetris, o sistema matemático do jogo que existe além do jogador, estamos falando apenas sobre a tecnologia? Sim e não. As regras são incorporadas no hardware e no software, mas também são algo separado do código. Por exemplo, a representação das regras está associada ao jogador. As regras determinam, entre outras coisas, o que acontece quando um jogador pressiona um botão em um determinado momento do jogo. Dessa forma, a lógica interna do jogo não é algo que pode ser completamente separado do modo como o jogo troca informações com o mundo externo. Mesmo aqui, ao ver o Tetris como um sistema formal, considerar a tecnologia como um fim em si pode ser um equívoco.

Qual é o motivo desses múltiplos enquadramentos? Um designer de jogos não cria tecnologia. Um designer de jogos cria uma experiência. O computador e a tecnologia dos videogames podem ser uma parte dessa experiência — podem ser até o ponto focal dessa experiência — mas, a fim de criar uma interação lúdica significativa, o designer tem que considerar o quadro completo.

O que ele pode fazer?

A pergunta fundamental para os designers de jogos e mídia digital não é *o que é isso?*, mas, *o que ele pode fazer?* Confrontado com uma plataforma digital, um designer de jogos precisa entender como aproveitar a tecnologia em um sistema projetado que resulte em uma interação lúdica significativa. Essa ênfase não é exclusiva dos jogos digitais: os materiais que constituem um jogo são sempre fundamentais na concepção de uma experiência.

O que a tecnologia digital pode fazer? Quais são as qualidades especiais da mídia digital que podem apoiar as experiências de jogo impossíveis em outras formas de jogo? Podemos listar quatro "características" da mídia digital. As qualidades não são mutuamente exclusivas — há alguma sobreposição entre as categorias — e não constituem uma lista definitiva das características que aparecem em todos os jogos digitais. Na verdade, esses traços aparecem nos jogos não digitais também, mas eles representam as qualidades que aparecem mais nos jogos digitais, as características que os designers de jogos devem aproveitar quando criam jogos em um meio digital.

Característica 1: Interatividade imediata, mas restrita

Uma das qualidades mais interessantes da tecnologia digital é que ela pode oferecer um *feedback* imediato, interativo. Projetar sistemas de ações e resultados, onde o jogo responde perfeitamente à entrada de um jogador, é um elemento comum nos jogos digitais. A tecnologia digital oferece, assim, jogabilidade (*gameplay*) em tempo real que muda e reage de forma dinâmica às decisões do jogador.

Um equívoco comum sobre a interatividade digital é que ela oferece aos jogadores uma ampla e expressiva faixa de interação — para que um computador possa imitar qualquer meio e fornecer qualquer tipo de experiência. Na verdade, o tipo de interação que um participante pode ter com um computador é muito restrita. Geralmente, a interação com um computador pessoal se restringe à entrada do mouse e do teclado, e à saída da tela e dos alto-falantes. Compare as atividades anêmicas de clicar, arrastar e escrever com o intervalo de interações de jogo não computador possíveis: a interação atlética cinestesicamente envolvente, perceptiva e estratégica do tênis; a comunicação performática e teatral das charadas, a formalidade ritual de uma partida de uma partida profissional de Go. Assim, embora a interatividade imediata dos jogos digitais seja um poderoso elemento para os designers considerarem, o meio está repleto de limitações.

Por outro lado, as limitações nos jogos ajudam a modelar o espaço das possibilidades. Por exemplo, um jogo de luta arcade, tal como o Street Fighter II, dá a um jogador apenas seis botões para pressionar e oito direções no joystick como um meio de entrada, muito menos que um mouse e um teclado. Ainda nesse vocabulário limitado e interativo, os jogadores podem desenvolver estilos de luta altamente pessoais e participar de uma grande variedade de experiências de jogo diferentes. A resposta ultrarrápida do programa, combinada com a entrada de controle simplificada, contribui para uma interação significativa diferenciada de um jogo de luta bem projetado.

Pares semelhantes de interatividade limitada, mas imediata, aparecem em jogos não digitais também. Um esporte como, por exemplo, uma corrida de bicicleta, dá aos participantes um conjunto muito restrito de interações. Ao mesmo tempo, os participantes recebem um retorno imediato de cada modificação minúscula da direção, velocidade e posição de seus corpos em suas bicicletas. Grande parte do profundo engajamento que os ciclistas experimentam durante a competição surge diretamente da interatividade restrita, porém imediata, do esporte.

Característica 2: Manipulação das informações

Uma forma de enquadrar a mídia digital é como máquinas para armazenar e manipular informações. Os jogos certamente aproveitam a capacidade daquilo que Janet Murray, em *Hamlet on the Holodeck,* chama de qualidade "enciclopédica" da mídia digital.[1]

Os jogos digitais podem e fazem bom uso dos dados: são muitas vezes repletos de texto, imagens, áudio, vídeo, animações, conteúdo 3D e outras formas de dados armazenados. Na verdade, é justo dizer que os jogos digitais exigem capacidades de renderização de dados de computadores muito mais do que qualquer outro gênero de software de consumo. Os computadores pessoais de ponta, especialmente configurados para a melhor visualização de gráficos 3D e áudio, são comercializados como máquinas de "*gamers*".

Mas os gráficos e o áudio não são o único tipo de informação que um jogo digital manipula. Cada aspecto de um jogo digital, na verdade cada aspecto de seu programa — a lógica interna, mecanismos para lidar com a interatividade do jogador, gerenciamento da memória —, pode ser considerado como informação. Os jogos digitais manipulam essas informações de forma que os jogos não digitais, em geral, não podem. Por exemplo, considere as regras de um jogo. Em um jogo de tabuleiro típico, é necessário que pelo menos um dos jogadores aprenda as regras e compreenda-as inteiramente antes de o jogo começar. Por outro lado, com um jogo digital, é possível, como a designer Karen Sideman apontou, aprender as regras do jogo enquanto ele está sendo jogado; torna a descoberta do caminho no qual o jogo opera parte da brincadeira do jogo.[2]

Os jogos digitais são também excelentes em ocultar as informações dos jogadores e revelá-las de formas muito particulares. O Warcraft III, por exemplo, é um jogo de estratégia em tempo real que usa uma mecânica de "névoa de guerra": o jogo é jogado em um grande mapa e o território e as ações dos oponentes de um jogador são inicialmente ocultados e só revelados quando as unidades do jogador exploram o mapa do jogo.

É claro que muitos jogos não digitais envolvem a manipulação de informações também. O Jogo da Memória simples, no qual os jogadores colocam as cartas viradas para baixo e tentam pegar os pares de cartas idênticas lembrando os movimentos passados de seus adversários, é um jogo explicitamente sobre a manipulação e a descoberta gradual de informações ocultas.

Característica 3: Sistemas complexos e automatizados

Talvez, a característica mais predominante dos jogos digitais seja que eles podem automatizar procedimentos complexos e, assim, facilitar a disputa do jogo que seria muito complicada em um contexto não informatizado. Na maioria dos jogos não digitais, os jogadores têm de fazer avançar a partida a cada passo, através da manipulação das peças ou comportando-se de acordo com as instruções explícitas descritas pelas regras. Em um jogo digital, o programa pode automatizar esses procedimentos e fazer avançar o jogo sem a entrada direta de um jogador.

Quando os jogadores de jogos de guerra em miniatura se reúnem para preparar suas batalhas com bonequinhos de chumbo, eles seguem regras complexas que determinam o movimento, as linhas de visão e a resolução de combate dos seus exércitos. Embora os jogadores de jogos de guerra tendam a ter uma alta tolerância para os conjuntos complexos de regras, certamente há limites para o grau de complexidade que eles podem suportar antes de o jogo se tornar um exercício de tédio. Esse é exatamente o tipo de complexidade com o qual os computadores lidam com facilidade. Na verdade, os jogos de guerra criados para jogar em computadores, em geral, levam em conta muito mais variáveis dinâmicas que seus correspondentes não digitais.

Isso não é necessariamente uma coisa boa. Como James Dunnigan, designer de jogos de guerra digitais e não digitais, afirma, "Embora os jogos de guerra para computador tenham muitas vantagens sobre os jogos manuais, eles tinham uma desvantagem importante para os designers de jogos. Os jogos de computador não revelavam o seu funcionamento interno."[3] Dunnigan chama isso de "Síndrome da Caixa Preta" dos jogos de computador:

Outra vantagem dos jogos de papel é que você sabe por que as coisas estão acontecendo de certa forma no jogo. Todas as regras e tabelas de probabilidades estão bem ali na sua frente. Sim, é preciso muito esforço para percorrer todo esse detalhe, mas você acaba com uma boa ideia de como é o funcionamento interno do jogo. Um benefício comum é a oportunidade de mudar as regras do jogo e as tabelas de probabilidade. Muitos jogadores fazem isso e é assim que os jogadores acabam se transformando em designers de jogos. Os jogos de guerra por computador mostram muito pouco sobre como ele faz sua parte. O programa de computador faz sua parte, deixando-o, por vezes, resmungando sobre as misteriosas "caixas pretas".[4]

Dunnigan considera que a apreciação e a compreensão da mecânica interna do jogo pelo jogador são um componente essencial dos jogos de guerra. Devido à natureza automatizada dos jogos digitais, os jogos de guerra para computador geralmente ocultam os mecanismos internos do funcionamento do jogo, diminuindo a experiência do usuário.

Os tipos de sistemas automatizados e complexos que aparecem nos jogos digitais variam muito, desde a evolução dos ecossistemas de Sim City e a sofisticada inteligência artificial dos oponentes de Thief, até as complexas rotinas de renderização de luzes e sombras de Unreal e a análise da linguagem natural de Zork. É seguro dizer que quase todos os aspectos dos jogos digitais são automatizados de alguma forma.

Mais uma vez, porém, existem exemplos de jogos não digitais que contêm complexos sistemas automatizados. O jogo japonês do tipo pinball Pachinko envolve um complexo sistema aleatório de bolas de metal caindo sobre pinos. Assim que o jogador lança a bola, o processo automatizado e complexo do sistema de jogo assume, determinando onde a bola vai parar e se ela renderá pontos ao jogador. Tornar-se hábil no Pachinko implica

conhecer o funcionamento interno de um determinado jogo e saber como usar o controle sutil para chegar ao resultado desejado.

Característica 4: Rede de comunicação

Uma característica final que muitos (mas não todos) jogos digitais possuem é que eles podem facilitar a comunicação entre os jogadores. Existem muitas formas de comunicação mediada digitalmente, desde e-mail e bate-papo por texto até comunicações por áudio e vídeo em tempo real. Dois consoles Game Boy conectados através de um cabo podem ainda ser considerados uma rede de jogo digital em miniatura.

É claro que todos os jogos multijogador, digitais ou não, são contextos de comunicação entre os jogadores. Entretanto, os jogos digitais oferecem a capacidade de se comunicar por longas distâncias e partilhar uma variedade de espaços sociais com muitos outros participantes. Por exemplo, os mundos persistentes de Ultima Online atraem dezenas de milhares de jogadores, todos reunidos no mesmo espaço social complexo.

Embora a entrada e a saída de comunicação sejam limitadas pela entrada e saída restritas da mídia digital, a comunicação em um jogo digital não precisa se restringir a texto. Por exemplo, uma partida "mata-mata", ou *deathmatch*, de Quake reúne um pequeno número de jogadores em um espaço único de jogo comunicativo. E embora o bate-papo via texto seja uma maneira de os jogadores interagirem, sua forma primária de comunicação ocorre por meio de decisões em frações de segundo que eles tomam sobre o movimento de seus jogadores e ataques com armas. A jogabilidade (*gameplay*) em si é uma forma de comunicação social.

Tal como acontece com as demais características dos jogos digitais, a comunicação em rede, mesmo em longas distâncias, ocorre nos jogos não digitais. O sistema postal serviu durante muito tempo como um meio de jogabilidade, desde os jogos de xadrez e diplomacia por correspondência, até os RPGs que ocorrem inteiramente via correspondência escrita. Num sentido mais amplo, as estatísticas e os registros esportivos, sejam para

Jogos Olímpicos ou para um time de basquete da escola, têm uma função comunicativa semelhante aos placares online dos escores mais altos.

Integração

Ao concluir a análise das qualidades dos jogos digitais, é importante lembrar que essas quatro características não são um roteiro para a criação de jogos ou uma lista de verificação para analisá-los. Eles simplesmente destacam as formas de compreender as capacidades do design de jogos digitais. Em um jogo Quake, por exemplo, podemos ver todos os quatro elementos em funcionamento:

- *Interatividade imediata, mas restrita.* Os controles do jogo requerem uma hábil manipulação do mouse e do teclado, com uma resposta instantânea do sistema de jogo.

- *Manipulação da informação.* Como todos os jogos digitais, o Quake manipula as informações, desde os dados 3D que definem o mapa do *deathmatch* até a maneira como os movimentos dos jogadores estão presentes, mas ocultos uns dos outros.

- *Sistemas automatizados e complexos.* O mecanismo gráfico, rotinas de controle, IA dos oponentes e todos os outros aspectos formais do jogo são automatizados.

- *Comunicação em rede.* Os *deathmatches on-line* criam um fórum para interação social rica entre os jogadores.

Durante toda a experiência real do jogo, as quatro categorias, em geral, se sobrepõem e operam simultaneamente, em conjunto, proporcionando a experiência geral do jogo.

Stay Alive

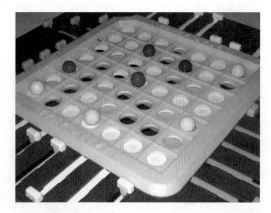

Antes de terminar este capítulo, reservemos um momento para considerar um caso limite: o tabuleiro de jogo Stay Alive. Neste jogo não digital, o jogo ocorre em uma grade que hospeda um conjunto mecânico simples de chaves de plástico. Há dois conjuntos de chaves, em noventa graus entre si. Algumas das posições da chave têm buracos e outras não. Os jogadores colocam suas bolinhas na grade e, depois, tentam eliminar as bolinhas dos adversários, movendo as chaves, uma por uma.

Stay Alive não é um jogo digital, mas tem algumas propriedades de um jogo digital. Por exemplo, o jogo Stay Alive contém um complexo sistema que funciona de modo semiautônomo em relação aos jogadores. Como não há informações ocultas sobre quais posições dos controles deslizantes têm buracos e onde cairão as bolinhas, os jogadores interagem com o sistema indiretamente, movendo os controles à margem do sistema para ver de que maneira o campo do jogo é afetado como resultado. Os jogadores não internalizam as regras de todas as posições dos controles deslizantes; em vez disso, essas informações estão contidas na construção mecânica do campo de jogo.

O Stay Alive é um jogo digital? Claro que não. Não é eletrônico e não usa tecnologia digital. Mas ele demonstra claramente como muitos elementos dos jogos digitais não são realmente exclusivos do meio. Na verdade, um baralho de cartas pode conter informações também: se um jogador embaralha as cartas, o jogador não precisa internalizar a ordem das cartas. Em vez disso, as propriedades físicas do baralho (o fato de que pode ser embaralhado e que as cartas podem ser viradas para baixo) permitem que as cartas contenham informações que são autônomas em relação aos jogadores, tais como qual carta fica no topo de um baralho virado para baixo.

Esses exemplos de tecnologias de jogo (um baralho de cartas, Stay Alive, um jogo digital) fornecem uma escala para os tipos de complexidade que os materiais de jogo podem incorporar. Também ajudam a destacar uma consideração mais importante: embora os diferentes materiais de jogo permitam diferentes experiências de jogo, as propriedades subjacentes dos jogos são, em última análise, mais semelhantes do que diferentes. Os principais desafios de projetar uma interação lúdica significativa se aplicam a qualquer meio de jogo.

Notas

1. Janet Murray, *Hamlet on the Holodeck* (Nova York: The Free Press, 1997).
2. Karen Sideman, Game Design address, 2000.
3. James F. Dunnigan, *Wargames Handbook: How to Play and Design Commercial and Professional Wargames*, 3d. ed. (San Jose: Writers Club Press, 2000), p. xii.
4. Ibid. p. 74-5.

Definindo jogos digitais
Resumo

- Se um jogo for enquadrado como um sistema, é claro que o meio físico do jogo é um elemento importante do jogo, mas não constitui todo o sistema. A tecnologia digital não deve ser enfatizada como um fim em si, mas deve ser entendida como um elemento de um sistema projetado maior.

- Há quatro características que resumem as qualidades especiais dos jogos digitais. Essas características também estão presentes nos jogos não digitais, mas os jogos digitais, em geral, as incorporam de forma mais robusta:

  - **Característica 1: Interatividade imediata, mas restrita**

  - **Característica 2: Manipulação da informação**

  - **Característica 3: Sistemas complexos e automatizados**

  - **Característica 4: Comunicação em rede**

- As propriedades subjacentes dos jogos e os principais desafios do design de jogos são verdadeiros, independentemente do meio no qual se manifesta um jogo.

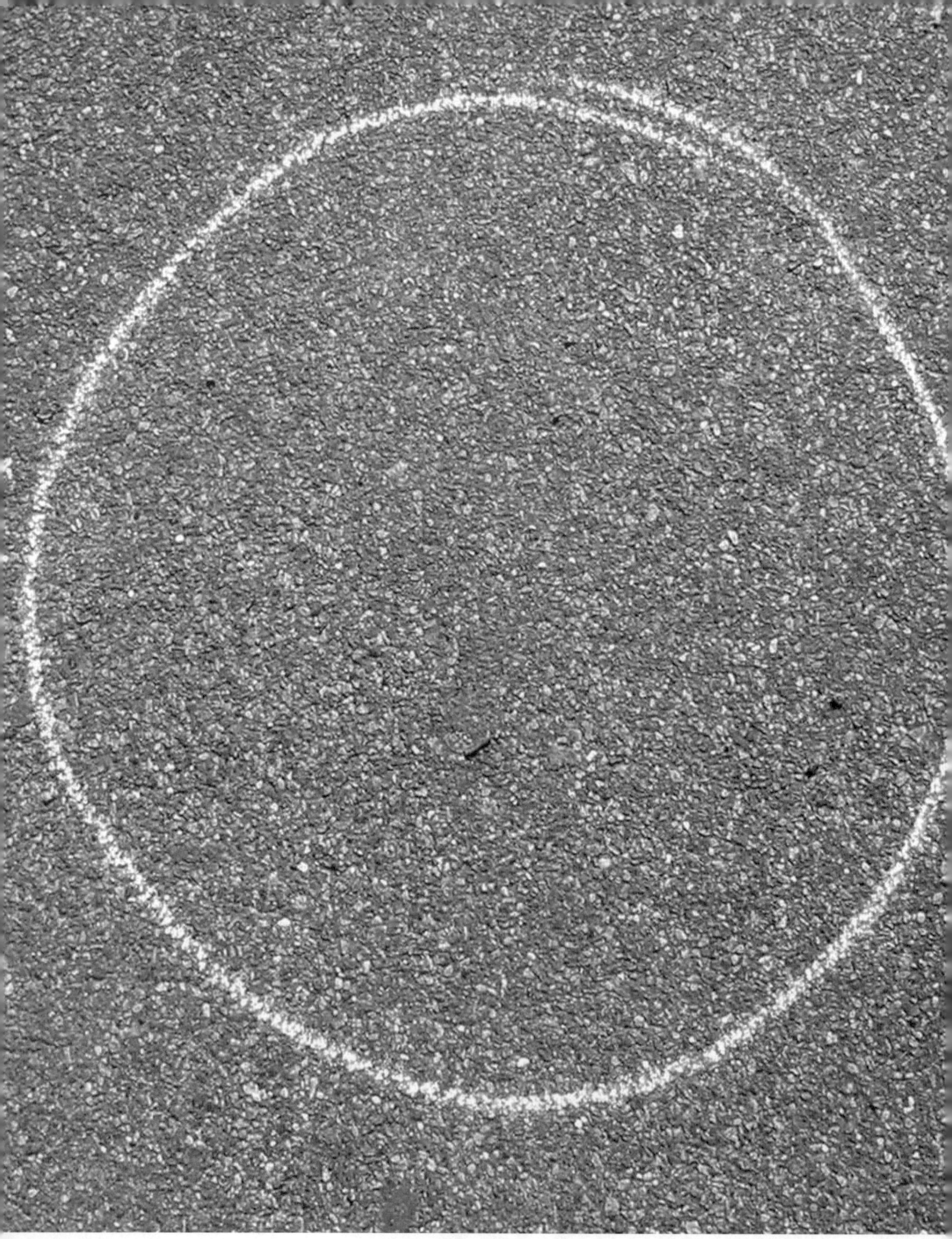

O CÍRCULO MÁGICO

9

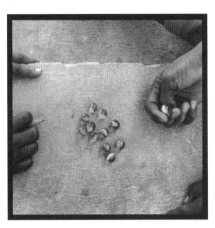

quadro do jogo
sistema aberto
sistema fechado
atitude lúdica

Este é o problema de como entramos e saímos da brincadeira ou do jogo: quais são os códigos que regem essas entradas e saídas?

— **Brian Sutton-Smith,** *Child's Play*

O que significa entrar no sistema de um jogo? Como o jogo começa e termina? O que compõe o limite de um jogo? Como estamos perto do fim da nossa primeira Unidade, precisamos abordar um último conjunto de conceitos-chave. Esses conceitos estão incorporados na pergunta feita por Sutton-Smith: "Como entramos e saímos da brincadeira ou do jogo?" Em questão, está uma compreensão da artificialidade dos jogos, a maneira como eles criam seu próprio tempo e espaço separados da vida comum. A ideia de que o conflito nos jogos é um conflito *artificial* é precisamente parte de nossa definição de jogos.

Steve Sniderman, em seu excelente ensaio "The Life of Games", observa que os códigos que regem a entrada em um jogo não têm uma representação explícita. "Os jogadores, os fãs e os dirigentes de qualquer jogo ou esporte desenvolvem uma consciência aguda do 'quadro' ou do contexto do jogo, mas seria difícil de explicar por escrito, mesmo após uma cuidadosa reflexão, exatamente quais são os sinais. Afinal, mesmo que um árbitro grite 'Jogue a bola', isso não significa que esse é o momento exato do início do jogo".[1] Ele continua a explicar que os jogadores (e fãs) devem confiar na intuição e em sua experiência com uma cultura específica para reconhecer quando um jogo começou. Durante um jogo, ele escreve, "um ser humano está constantemente observando se as condições para o jogo ainda estão sendo atendidas, monitorando continuamente o 'quadro', as circunstâncias ao seu redor, para determinar se o jogo ainda está em andamento, sempre atento (mesmo que apenas inconscientemente) para saber se os outros participantes estão agindo como se o jogo estivesse seguindo em frente".[2]

O "quase" ao qual Sniderman se refere tem várias funções, que abordaremos nos capítulos posteriores. Por ora, basta notar que o quadro de um jogo é o que comunica se as pessoas contidas nele estão "jogando" e se o espaço de jogo está separado, de alguma forma, do espaço do mundo real. O psicólogo Michael Apter repete essa ideia quando escreve:

> No estado do jogo você experimenta um *quadro protetor* que se coloca entre você e o mundo "real" e seus problemas, criando uma região encantada, na qual, no final, você está confiante de que nenhum mal pode acontecer.

Apesar de esse quadro ser psicológico, é interessante que, muitas vezes, ele tenha uma representação física perceptível: o arco frontal do palco do teatro, as grades em torno do parque, a linha divisória no campo de críquete e assim por diante. Mas, esse quadro pode também ser abstrato, tal como as regras que regem o jogo sendo disputado.[3]

Em outras palavras, o quadro é um conceito ligado à questão da "realidade" de um jogo, da relação entre o mundo artificial do jogo e os contextos da "vida real" que ele cruza. O quadro de um jogo cria a sensação de *segurança* que faz parte da definição de Chris Crawford de um jogo explorado em *Definindo jogos*. Esse quadro é responsável não só pelo relacionamento incomum entre um jogo e o mundo exterior, mas também por muitos mecanismos internos e experiências de um jogo em disputa. Chamamos esse quadro de *círculo mágico,* um conceito inspirado pelo trabalho de Johann Huizinga sobre jogos.

Limites

O que significa dizer que os jogos ocorrem dentro dos limites estabelecidos pelo ato de jogar? Isso é mesmo verdade? Existe realmente tal limite distinto? De fato, existe. Compare, por exemplo, a brincadeira informal com um brinquedo com a brincadeira mais formal de um jogo. Uma criança brincando com uma boneca, por exemplo, pode lenta e gradualmente entrar em uma relação de jogo com a boneca. A criança poderia olhar para a boneca do outro lado do quarto e lançar-lhe um olhar brincalhão. Mais tarde, a criança poderia segurá-la um pouco e, em seguida, deixá-la por um tempo. A criança poderia arrastar descuidadamente a boneca pelo quarto, às vezes falando com ela e reconhecendo sua presença e, outras vezes, simplesmente ignorando-a.

A fronteira entre o ato de brincar com a boneca e não brincar com ela é confusa e permeável. Nesse cenário, podemos identificar comportamentos de jogo concretos, tais como fazer a boneca mover-se como uma marionete. Mas há outros tantos comportamentos ambíguos, que podem ou não ser jogar, como, por exemplo, massagear distraidamente a cabeça da boneca enquanto assiste TV. Pode haver um quadro entre jogar e não jogar, mas seus limites são indistintos.

Regras do jogo | Salen e Zimmerman

Agora compare esse tipo de jogo informal com duas crianças brincando de Jogo da Velha. Para jogar, as crianças devem reunir os materiais apropriados, desenhar as quatro linhas que compõem a grade do jogo e seguir as devidas regras, enquanto avançam no jogo. Com um brinquedo, pode ser difícil dizer exatamente quando o jogo começa e quando termina. Mas, com um jogo, a atividade é ricamente formalizada. O jogo tem um começo, um meio e um resultado quantificável no final. O jogo ocorre em um espaço físico e temporal precisamente definido. As crianças estão jogando o Jogo da Velha ou não estão. Não há ambiguidade quanto à sua ação: elas estão claramente jogando um jogo.

A mesma análise pode ocorrer no contexto da mídia digital. Compare, por exemplo, a interação casual de um usuário com um programa protetor de tela interativo com sua interação com um jogo de computador, como o Tetris. O protetor de tela permite ao usuário mover o mouse e criar padrões na tela, uma atividade com que podemos nos envolver casualmente, e depois, interromper. A entrada e a saída do usuário são informais e desvinculadas de quaisquer regras que definem um começo, meio e fim. Um jogo Tetris, por outro lado, fornece um limite formal em relação ao jogo: o jogo está sendo jogado ou não. Os jogadores do Tetris não "interagem casualmente" com ele; ao contrário, estão jogando um jogo. É verdade que um jogador do Tetris pode pausar um jogo em andamento e retomá-lo mais tarde, assim como dois jogadores de tênis podem parar para beber água. Mas em ambos os casos, os jogadores estão saindo do espaço do jogo, formalmente suspendendo o jogo antes de voltar para continuar a jogar.

Quando um jogador entra e sai de um jogo, ele está cruzando essa fronteira — ou quadro — que define o jogo no tempo e no espaço. Como mencionado acima, chamamos a fronteira de um jogo de *círculo mágico,* um termo emprestado da seguinte passagem do livro *Homo Ludens* de Huizinga:

> Todo jogo se move e tem sua existência em uma área demarcada de antemão, quer material ou idealmente, de maneira deliberada ou como algo natural.... A arena, mesa de cartas, círculo mágico, templo, palco, tela, quadra de tênis, tribunal de justiça etc., todos têm forma e funcionam como *playgrounds*, ou seja, locais proibidos, isolados, cercados, reverenciados, nos quais "regras especiais se impõem" (N.T.: "special rules obtain"). Todos são mundos temporários dentro do mundo comum, dedicados ao desempenho de um papel à parte.[4]

Embora o círculo mágico seja apenas um dos exemplos na lista de "áreas" de Huizinga, o termo é usado aqui como uma abreviação para a ideia de um lugar especial no tempo e no espaço criado por um jogo. O fato de o círculo mágico ser apenas isso — um círculo — é uma característica importante desse conceito. Como um círculo fechado, o espaço que ele circunscreve é fechado e separado do mundo real. Como um marcador de tempo, o círculo mágico é como um relógio: simultaneamente representa um caminho com começo e fim, mas sem começo e fim. O círculo mágico inscreve um espaço que é repetitivo, um espaço limitado e ilimitado. Em suma, um espaço finito com possibilidades infinitas.

Dentro do círculo mágico

Em um sentido muito básico, o círculo mágico de um jogo é onde o jogo acontece. Jogar um jogo significa entrar em um círculo mágico ou, talvez, criar um quando um jogo começa. O círculo mágico de um jogo pode ter um componente físico, tal como o tabuleiro de um jogo de mesa, ou a pista de uma competição de atletismo. Mas muitos jogos não têm nenhum limite físico — a queda de braço, por exemplo, não exige muito em termos de espaços especiais ou o material utilizado. O jogo simplesmente começa quando um ou mais jogadores decidem jogar.

O termo círculo mágico é adequado porque há, de fato, algo verdadeiramente mágico que acontece quando o jogo começa. Um jogo de gamão elegante sozinho pode ser uma linda decoração na mesa do centro. Se essa é a função para a qual o jogo está servindo — decoração — realmente não importa como as peças do jogo estão dispostas, se algumas delas estão fora de lugar ou mesmo ausentes. Mas, uma vez que você senta com um amigo para jogar um jogo de gamão, a organização das peças de repente se torna extremamente importante. O tabuleiro de gamão se torna um espaço especial que facilita a execução do jogo. A atenção dos jogadores é intensamente focada na partida, o que medeia sua interação por meio do jogo. Enquanto o jogo está em andamento, os jogadores não organizam e reorganizam casualmente as peças, mas movem-nas de acordo com regras muito particulares.

No círculo mágico, os significados especiais florescem e agrupam-se em torno de objetos e comportamentos. Com efeito, uma nova realidade é criada, definida pelas regras do jogo e habitada por seus jogadores. Antes de um jogo de escadas e escorregadores (*Chutes and Ladders*) começar, ele é apenas um tabuleiro, algumas peças de plástico e um dado. Mas uma vez que o jogo começa, tudo muda. De repente, os materiais representam algo muito específico. A ficha de plástico é *você*. As regras indicam como rolar o dado e mover-se. De repente, importa muito qual ficha de plástico chega ao fim em primeiro lugar.

Considere um grupo de crianças num jardim do subúrbio, casualmente falando e passando o tempo. Elas decidem jogar um jogo de esconde-esconde. Uma das crianças utiliza uma pedra e as plantas no meio do jardim, para representar a base. O grupo se amontoa para disputar "dois ou um" a fim de escolher a primeira pessoa a ser a "cabra-cega"; em seguida, eles se espalham e se escondem enquanto a "cabra-cega", de olhos vendados, começa a contar até vinte. De uma só vez, as relações entre os jogadores assumiram significados especiais. Quem pega e quem não pega? Quem está escondido e quem pode ser visto? Quem é capturado e quem está livre? Quem vai ganhar o jogo?

O que está acontecendo nesses exemplos de gamão, escadas e escorregadores, e esconde-esconde? Conforme Huizinga eloquentemente afirma, no espaço de um jogo "regras especiais se impõem" ("special rules obtain"). O círculo mágico de um jogo é o limite do espaço do jogo e, dentro desse limite, as regras do jogo representam e têm autoridade.

Mundos temporários

O que está na fronteira do jogo? Quanto é permeável o limite entre o mundo real e o mundo artificial do jogo que é circunscrito e delimitado pelo círculo mágico? Huizinga chama os mundos do jogo de "mundos temporários dentro do mundo comum". Mas, o que isso significa? O círculo mágico enquadra uma realidade completamente separada do mundo real? Um jogo é, de alguma forma, uma extensão da vida normal? Ou um jogo é apenas um caso especial de realidade comum?

Voltemos ao conceito de sistema. Já estabelecemos que os jogos são sistemas. Como sistemas, os jogos podem ser considerados como sendo abertos ou fechados. Em sua definição de sistemas, Littlejohn nos informa que "um *sistema fechado* não tem intercâmbio com seu ambiente.[5] Um *sistema aberto* recebe matéria e energia do seu ambiente e passa matéria e energia para seu ambiente". Portanto, qual é sua relação com o círculo mágico? A questão tem a ver com a fronteira entre o círculo mágico de um jogo e o mundo fora do jogo. Uma maneira de abordar essa questão é considerar se essa fronteira é fechada, enquadrando completamente um mundo independente em si; ou se é aberta, permitindo o intercâmbio entre o jogo e o mundo além do seu quadro. Como Bernard DeKoven observa no *The Well-Played Game*, "Os limites ajudam a separar o jogo da vida". Eles têm uma função crítica ao manter a ficção do jogo, para que os aspectos da realidade com os quais não escolhemos jogar possam ser deixados em segurança no lado de fora".[6] Além disso, a resposta à pergunta sobre se os jogos são sistemas fechados ou abertos depende de qual esquema é usado para entendê-los: se os jogos são enquadrados como REGRAS, INTERAÇÃO LÚDICA ou CULTURA.

REGRAS. Jogos considerados como **REGRAS** são sistemas fechados. Considerar os jogos como sistemas formais significa considerá-los como sistemas de regras antes do envolvimento real dos jogadores.

INTERAÇÃO LÚDICA. Considerados como **INTERAÇÃO LÚDICA (PLAY)**, os jogos podem ser *sistemas fechados* ou *sistemas abertos*. Enquadrado como a experiência de uma interação lúdica, é possível restringir o nosso foco e olhar apenas aqueles comportamentos do jogo que são intrínsecos ao jogo, ignorando todos os outros. Ao mesmo tempo, os jogadores trazem muita coisa do mundo externo: suas expectativas, gostos e desgostos, relações sociais e assim por diante. Neste sentido, é impossível ignorar o fato de que os jogos são abertos, um reflexo dos jogadores que os jogam.

CULTURA: Considerados como a **CULTURA,** os jogos são sistemas extremamente abertos. Neste caso, o funcionamento interno do jogo não é enfatizado, mas, como um sistema cultural, o foco está no modo como o jogo troca significado com a cultura em geral. Ao considerar os aspectos culturais do futebol americano profissional — debates políticos sobre os mascotes da equipe Native American, por exemplo — o sistema do jogo é aberto para expor a forma como ele interage com a sociedade inteira.

É uma contradição dizer que os jogos podem ser sistemas abertos e fechados ao mesmo tempo? Na verdade, não. Como acontece com muitos fenômenos complexos, as qualidades do objeto em estudo dependem da metodologia do estudo em si. A resposta à pergunta sobre se os jogos são sistemas fechados ou abertos, se eles são realmente artificiais ou não, depende do esquema utilizado para analisá-los. Voltaremos a essa questão importante muitas vezes ao longo deste livro.

A atitude lúdica

Até agora, na análise do círculo mágico foram traçadas as formas como o espaço interior de um jogo se relaciona com os espaços do mundo real fora dele, como o círculo mágico enquadra um espaço distinto de significado que está separado do, mas ainda referencia, o mundo real. O que ainda não consideramos é o que o círculo mágico representa do ponto de vista do jogador. Como um jogo exige uma interação formalizada, muitas vezes é um verdadeiro compromisso decidir jogar um jogo. Se um jogador opta por se sentar e jogar Banco Imobiliário, por exemplo, ele não pode simplesmente parar de jogar no meio sem interromper o jogo e perturbar os outros jogadores. Por outro lado, se ele ignora esse impulso e permanece no jogo até o fim, ele pode acabar sendo um mal perdedor. Mas, esse tipo de obstáculo obviamente não impede a maioria das pessoas de jogar jogos. O que significa decidir jogar um jogo? Se o círculo mágico cria uma realidade alternativa, qual atitude psicológica é exigida de um jogador que entra no jogo?

Em **Definindo jogos** vimos a definição de jogos que Bernard Suits dá em seu livro *Grasshopper: Games, Life, and Utopia*. Um dos componentes únicos da definição de Suits é que ele vê os jogos como inerentemente ineficientes. Ele usa o exemplo de um lutador de boxe para explicar esse conceito. Se o objetivo de uma luta de boxe fosse fazer o outro lutador ficar no chão durante uma contagem até 10, a maneira mais fácil de atingir esse objetivo seria pegar uma arma e dar um tiro na cabeça do outro boxeador. Naturalmente, não é o modo como a luta de boxe é realizada. Em vez disso, como aponta Suits, os boxeadores colocam luvas acolchoadas e só atacam seus oponentes de formas muito limitadas e estilizadas. Da mesma forma, Suits analisa o jogo de golfe:

> Suponha que eu decida colocar um objeto redondo e pequeno em um buraco no chão da forma mais eficiente possível. Colocá-lo no buraco com minha mão seria um meio natural a adotar. Mas certamente, eu não pegaria um taco com um pedaço de metal em uma extremidade, andaria duzentos a trezentos metros de distância do buraco, então tentaria colocar a bola no buraco com o taco. Isso não seria tecnicamente inteligente. Mas tal realização é um jogo extremamente popular e a maneira anterior de descrevê-lo evidentemente mostra como os jogos são diferentes das atividades técnicas.[7]

O que o boxeador e jogador de golfe têm em comum, de acordo com Suits, é uma atitude comum em relação ao ato de jogar o jogo, uma abertura para a possibilidade de adotar tais meios indiretos para alcançar uma meta. "Em tudo, menos em um jogo, a introdução gratuita dos obstáculos desnecessários à realização de um fim é considerada como algo decididamente irracional a fazer, enquanto nos jogos parece ser uma coisa absolutamente essencial."[8] Suits chama esse estado de espírito de *atitude lúdica,* um termo que introduzimos em sua definição de jogo. A atitude lúdica permite que os jogadores "adotem regras que requerem que alguém empregue meios piores em vez de melhores para alcançar um fim".[9] Tentar colocar uma bola em miniatura com um taco de metal em um pequeno buraco por grandes distâncias certamente requer atitude!

A palavra "ludo" significa *jogo* em latim e a raiz de "lúdico" é a mesma raiz de "ludens" em "Homo Ludens". A atitude lúdica é um conceito extremamente útil, pois descreve a atitude que é exigida dos jogadores para eles engajarem-se em um jogo. Jogar um jogo é, em muitos aspectos, um ato de "fé" que investe o jogo do seu significado especial — sem jogadores predispostos a jogar, o jogo é um sistema formal à espera de ser habitado, como uma partitura à espera de ser tocada. Esse conceito pode ser estendido para dizer que um jogo é uma espécie de contrato social. Decidir jogar um jogo é criar — do nada — uma autoridade arbitrária que serve para orientar e direcionar o jogo. O momento dessa decisão pode ser bem mágico. Imagine um grupo de meninos reunindo-se na rua para mostrar uns aos outros suas coleções de bolinhas de gude. Há algumas gozações, depois algumas provocações e, então, um desafio aparece. Um dos meninos desenha um círculo na calçada e cada um deles coloca uma bola de gude dentro. De repente, eles estão jogando um jogo, um jogo que orienta e direciona suas ações, que serve como o árbitro do que eles podem e não podem fazer. Os meninos levam o jogo muito a sério, pois estão jogando para valer.

Seu objetivo é ganhar o jogo e tomar as bolinhas de seus adversários. Se isso é tudo que eles queriam fazer, poderiam simplesmente pegar as coleções uns dos outros e correr. Em vez disso, eles jogam um jogo. Através de um processo longo e dramático, acabam perdendo suas bolinhas de gude ou ganhando algumas dos outros. Se tudo que os meninos queriam fazer era aumentar o número de bolas de gude em sua coleção, o jogo pode parecer um absurdo. Mas a atitude lúdica implica mais do que uma mera aceitação das limitações prescritas pelas regras do jogo — também significa aceitar as regras porque o jogo é um fim em si mesmo. Com efeito, a atitude lúdica garante que o jogador aceite as regras do jogo "apenas para que a atividade tornada possível por tal aceitação possa ocorrer".[10] Nossos jogadores de bolinhas de gude levariam o jogo a sério mesmo que não estivessem jogando para valer.

Há um prazer nesta ineficiência. Quando você dispara um míssil no jogo Missile Command, ele não atira simplesmente no local sob a mira. Em vez disso, ele sobe lentamente a partir da parte inferior da tela. Para derrubar um conjunto de pinos de boliche, você não carrega a bola de boliche por toda a pista; em vez disso, você fica a uma boa distância e deixa-a rolar. De algum lugar na lacuna entre a ação e o resultado, no conflito entre o desejo frustrado e o objetivo sedutor de um jogo, emerge

a satisfação única de jogar um jogo. Os jogadores assumem a atitude lúdica pelo prazer do jogo em si.

O círculo mágico pode definir um espaço poderoso, investindo sua autoridade nas ações dos jogadores e criando significados novos e complexos que só são possíveis no espaço de jogo. Mas também é extremamente frágil, requerendo uma manutenção constante para mantê-lo intacto. Ao longo dos próximos capítulos, vamos explorar as estruturas de design que servem para criar e apoiar o círculo mágico, assim como as qualidades do design de um jogo que afetam a atitude lúdica e a possibilidade da interação lúdica significativa.

Tendo já passado pelas definições de design, sistemas, interatividade e jogos, o caminho foi preparado para o nosso ingresso no círculo mágico. Passando suas fronteiras abertas e fechadas, encontramo-nos em seu centro. O que encontramos ali, no coração dos jogos, são as REGRAS, o espaço dos jogos enquadrados como sistemas formais.

Leitura complementar

Grasshopper: Games, Life, Utopia, de Bernard Suits

Versão da fábula de Esopo da Cigarra e as Formigas, *Grasshopper* é um livro envolvente e perspicaz que aborda alguns dos paradoxos filosóficos levantados pelos jogos. Trapaças, obediência às regras e a realidade dos jogos *versus* o mundo real estão entre os tópicos que Suits aborda. É a partir desse livro que tiramos o nosso conceito de atitude lúdica, um conceito de design de jogo importante.

Recomendados:
Capítulo 3: Construction of a Definition
Capítulo 4: Triflers, Cheats, and Spoilsports

Homo Ludens, de Johann Huizinga

Talvez, o trabalho mais influente e teórico sobre jogo no século 20, em *Homo Ludens*, o filósofo e historiador holandês Huizinga explora a relação entre jogos, interação lúdica e cultura. Seu ponto de vista não é certamente o do design; no entanto, o trabalho de Huizinga influenciou diretamente muitos dos outros autores referenciados aqui, tais como Roger Caillois e Brian Sutton-Smith. No capítulo recomendado abaixo, Huizinga estabelece sua definição essencial de jogo.

Recomendado:
Capítulo 1: Nature and Significance of Play as a Cultural Phenomenon

Notas

1. Steven Sniderman, "The Life of Games", p. 2. <www.game-puzzles.com/tlog/tlog2.htm>.

2. Ibid. p. 2.

3. Michael J. Apter, "A Structural-Phenomenology of Play", in *Adult Play: A Reversal Theory Approach,* edited by J. H. Kerr and Michael J. Apter (Amsterdam: Swets and Zeitlinger, 1991), p. 15.

4. Johann Huizinga, *Homo Ludens: A Study of the Play Element in Culture* (Boston: Beacon Press, 1955), p. 10.

5. Stephen W. Littlejohn, *Theories of Human Communication,* 3rd edition (Belmont, CA: Wadsworth Publishing Company, 1989), p. 41.

6. Bernard DeKoven, *The Well-Played Game* (Nova York: Doubleday, 1978).

7. Bernard Suits, *Grasshopper: Games, Life, and Utopia* (Boston: David R. Godine,1990), p. 23.

8. Ibid. p. 38-9.

9. Ibid. p. 38-9.

10. Ibid. p. 40.

O círculo mágico
Resumo

- Cada jogo existe dentro de um **quadro:** um tempo e espaço especialmente demarcados. O quadro comunica aos jogadores, consciente ou inconscientemente, que um jogo está sendo jogado.

- O **círculo mágico** de um jogo é o espaço no qual o jogo se realiza. Considerando que as formas mais informais de jogo não têm um limite claro, a natureza formal dos jogos torna o círculo mágico explícito.

- No círculo mágico, as regras do jogo criam um conjunto especial de **significados** para os jogadores de um jogo. Esses significados orientam a execução do jogo.

- Como um sistema, um jogo pode ser considerado como tendo um relacionamento **aberto** ou **fechado** com seu contexto. Considerado como **REGRAS**, um jogo é fechado. Considerado como **INTERAÇÃO LÚDICA,** um jogo é aberto e fechado. Considerado como a **CULTURA,** um jogo é aberto.

- A **atitude lúdica** é o estado de espírito necessário para entrar na interação lúdica de um jogo. Para jogar um jogo, um grupo de jogadores aceita as limitações das regras por causa do prazer que um jogo pode proporcionar.

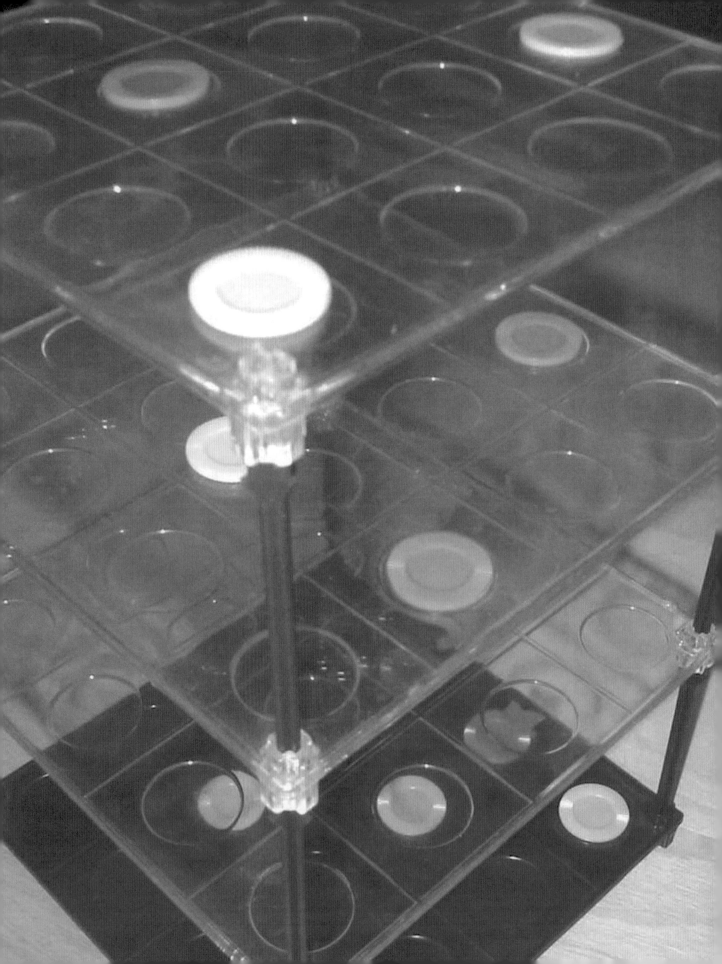

OS ESQUEMAS PRIMÁRIOS

Esquema
REGRAS
INTERAÇÃO LÚDICA
CULTURA

10

Em suma, há a retórica da cultura maior que tem sua própria influência de socialização, há a retórica relevante para o jogo do grupo que joga o jogo... e depois, em ambas, há o jogo em si.

— **Brian Sutton-Smith**, *The Ambiguity of Play*

117

Uma estrutura conceitual

Este capítulo representa um ponto decisivo: em certo sentido, tudo que foi visto até aqui foi um trabalho preparatório. Os conceitos de design, sistemas e interatividade moldaram a nossa compreensão do design da interação lúdica significativa e ajudaram a ordenar uma definição de *jogo*. É evidente — pelo menos para este livro — o que constitui um jogo. Mas o estudo dos jogos e do design de jogos exige mais do que um conjunto de definições; exige uma estrutura conceitual robusta. O papel de uma estrutura é organizar como os jogos são estudados. Por exemplo, um estudo dos jogos pode ser organizado por assunto ou por cronologia; por tipo de jogo ou plataforma tecnológica. Em cada caso, a estrutura guiaria como os jogos são explorados e explicados.

A estrutura que guia o estudo do design de jogos neste livro não é atual ou histórica e não os separa por tipo ou plataforma. Em vez disso, é baseada na ideia de *esquemas de design de jogos*, que conceitualmente enquadra os jogos com base em perspectivas distintas. Um esquema de design do jogo é uma maneira de entender os jogos, uma lente que podemos aplicar na análise ou na criação de qualquer jogo. A variedade de esquemas que poderiam ser selecionados é vasta, pois existem muitas, muitas maneiras de ver os jogos. Para nossos propósitos, foram selecionados três esquemas primários: REGRAS, INTERAÇÃO LÚDICA e CULTURA.

- **REGRAS** é um esquema primário *formal* e foca nas estruturas matemáticas intrínsecas dos jogos.
- **INTERAÇÃO LÚDICA** (**PLAY**) é um esquema primário *experimental* e enfatiza a interação do jogador com o jogo e outros jogadores.
- **CULTURA** é um esquema primário *contextual* e destaca os contextos culturais nos quais qualquer jogo está incorporado.

Essa estrutura com três partes é a arquitetura conceitual que apoia esquemas ainda mais detalhados. Contido em **REGRAS, INTERAÇÃO LÚDICA e CULTURA** está um conjunto de esquemas especializados, que enquadra os jogos de maneiras muito particulares. Por exemplo, nas **REGRAS** estão os esquemas *Jogos como Sistemas de Informação* e *Jogos como Sistemas de In-*

certeza, entre outros. Cada um desses esquemas mais especializados é formal no âmbito (vendo os jogos como sistemas formais e matemáticos), mas cada um vê os jogos com uma diferente ênfase formal. Os três esquemas primários **REGRAS, INTERAÇÃO LÚDICA e CULTURA** também contêm esquemas incorporados menores.

O resultado final é um sistema que enquadra e reenquadra os jogos em uma série de perspectivas que se sobrepõem. A utilização de esquemas não só oferece uma estrutura geral para descobrir a riqueza dos jogos, mas também, quando vistos em conjunto, oferece um método geral para qualquer estudo de design. Como mencionado no capítulo de abertura, a estrutura das **REGRAS, INTERAÇÃO LÚDICA e CULTURA** pode ajudar a facilitar o pensamento crítico de design em qualquer campo de design.

O que é um esquema?

Os esquemas são os blocos de construção de nossa estrutura de **REGRAS, INTERAÇÃO LÚDICA e CULTURA**. Mas o que é um esquema, realmente, e por que é um conceito adequado para o estudo dos jogos? Em seu ensaio "The Schema,"[1] Ben Martin remonta a história do conceito a Platão e Aristóteles. De acordo com Martin, Platão usava a palavra esquema para significar "informações importantes, em vez de exaustivas". Esta propriedade, *sumarização*, é a característica principal de um esquema: "O esquema funciona como uma descrição reduzida dos aspectos importantes de um objeto ou evento".[2] Martin, em seguida, segue o conceito até a formulação de Kant de que "o conhecimento só pode vir até nós por meio de esquemas", que os esquemas são as estruturas que constroem o nosso conhecimento sobre o mundo.[3] Em tempos mais contemporâneos, o conceito de esquema enquadra-se no domínio da psicologia e da ciência cognitiva, por meio do trabalho dos psicólogos Frederic Bartlett e Piaget, assim como dos teóricos cognitivos, como

Marvin Minksy. Para esses pensadores, *esquema* se refere à maneira como a mente adquire, representa e transforma o conhecimento. A utilização do conceito de esquema como uma forma de organizar o estudo do design do jogo usa diretamente essa tradição, ao mesmo tempo que se apropria e transforma o conceito.

David Rumelhart e Andrew Ortony, em seu ensaio "The Representation of Knowledge in Memory",[4] construíram uma detalhada teoria do esquema inspirada nas disciplinas da psicologia cognitiva e da ciência da computação. Rumelhart e Ortony apontam quatro qualidades dos esquemas:

> *Os esquemas têm variáveis.* Os esquemas fornecem uma estrutura em que novas informações do ambiente são integradas.
>
> *Os esquemas podem incorporar outros esquemas.* Em outras palavras, o esquema que constitui uma estrutura para a compreensão do conceito *avião* pode conter um esquema para representar as informações sobre as asas ou mesmo sobre o processo de viajar.
>
> *Os esquemas representam o conhecimento em vários níveis de abstração.* Por exemplo, os esquemas podem representar informações sobre objetos no ambiente, mas também podem representar informações sobre a forma como os objetos interagem ou a natureza e a estrutura dos eventos.
>
> *Os esquemas representam o conhecimento, em vez de definições.* Os esquemas são essencialmente "enciclopédicos", em vez de "definicional".[5]

Todas as quatro qualidades são importantes para nosso uso de esquemas. A primeira qualidade, que o esquema é uma estrutura para a compreensão das informações, é o sentido primário no qual usamos o termo. Os esquemas de design de jogos fornecem estruturas para a compreensão dos aspectos formais, experimentais e culturais dos jogos. A segunda e terceira qualidades dos esquemas, de que eles podem ser incorporados uns aos outros e podem representar o conhecimento em diferentes níveis de abstração, também são fundamentais. Essas qualidades referem-se à flexibilidade do esquema como ferramentas de design críticas. Em vez de estruturas isoladas, os esquemas estão ligados entre si por meio de interesses comuns. O esquema ***Jogos como Experiência Social*** está incorporado ao esquema primário maior de INTERAÇÃO LÚDICA, por exemplo, assim como estão os esquemas ***Jogos como Experiência Narrativa*** e ***Jogos como Experiência do Prazer***.

Por último, a ideia de que o esquema representa o conhecimento, em vez de definições, é crítica. Apesar de oferecermos muitas definições de conceitos nas páginas seguintes, nunca definimos os esquemas em si em termos absolutos. Como lentes ou estruturas gerais para a compreensão dos jogos e da prática do design de jogos, os esquemas são úteis por permitirem classificar os fenômenos complexos dos jogos de uma forma livre e intuitiva, destacando as especificidades dos jogos. Os esquemas não são conceitos definidos — são formas de pensar, que nos permitem assimilar o conhecimento de um jogo. Nesse sentido, os esquemas funcionam como um contraponto para os conceitos mais claramente definidos que construímos ao longo deste livro.

REGRAS: Esquemas formais

Jogos têm regras. Talvez esta seja a característica mais importante dos jogos, a que os distingue dos outros meios de comunicação, arte e entretenimento. Ao comparar as muitas definições de "jogo" no capítulo anterior, a ideia de que os jogos foram ordenados e estruturados por regras foi o elemento definicional mais comum que encontramos. Portanto, é fundamental que nossa estrutura inclua regras como um foco primário. Os esquemas que se enquadram nas **REGRAS** são *esquemas formais*. Eles incluem, entre outros, ver os jogos como sistemas de informações públicas e privadas, como sistemas de conflito e como sistemas da Teoria dos Jogos. Como são todas essas formas de ver os jogos formais? Mais especificamente, a que se refere a palavra "formal"?

Há pelo menos dois sentidos nos quais os esquemas **REGRAS** oferecem um modo "formal" de ver os jogos. Primeiro, o termo *formal* é usado no sentido de "forma": as regras constituem a *forma* ou organização interna dos jogos. Em outras palavras, as regras são as estruturas internas e essenciais que constituem os objetos do mundo real conhecidos como jogos. Por exemplo, considere dois jogos Go que diferem de várias maneiras. Eles podem diferir em termos de:

- *Material.* Uma versão é jogada com pedras em um tabuleiro de madeira, a outra é jogada em computador.

- *Motivação.* Em uma, um amigo ensina o jogo para outro amigo; na outra, os dois mestres competem por um prêmio.

- *Resultado.* Em um jogo, a branca vence facilmente; o outro jogo é uma luta muito apertada com a preta ultrapassando no final.

- *Tempo e espaço.* Um jogo é jogado na China antiga; o outro é jogado na França contemporânea.

A lista poderia continuar. A questão é que, embora essas partidas de Go sejam radicalmente diferentes como experiências de jogo, todas seriam identificadas como o jogo "Go". Apesar de suas diferenças, os jogos têm uma coisa em comum: as regras do Go. Essas "regras do jogo" unem todos os jogos Go que já foram ou serão jogados. É nesse sentido que as regras do Go constituem a identidade formal do jogo Go.

Um segundo sentido no qual a palavra *formal* é usada tem relação com o conceito de "formalização", a ideia de que há algo metódico e preciso sobre ver os jogos como **REGRAS**. Os esquemas agrupados sob **INTERAÇÃO LÚDICA** e **CULTURA** tendem a ser mais confusos e difíceis de quantificar; é nas **REGRAS** que os esquemas são mais analíticos. Além disso, a maioria dos esquemas formais empregados contém um componente matemático. Ver os jogos como **REGRAS** significa ver os jogos como sistemas formais, no sentido de que as regras são as estruturas internas que constituem os jogos e também no sentido de que os esquemas das **REGRAS** são ferramentas analíticas que dissecam os jogos matematicamente.

INTERAÇÃO LÚDICA: Esquemas experimentais

Embora todos os jogos tenham regras, é certamente verdade que o próprio conceito de jogos está estreitamente ligado à ideia de interação lúdica. Interação lúdica é, na verdade, o que fazemos com os jogos. Jogamos xadrez, jogamos beisebol e jogamos Tekken. Embora outras coisas sejam reproduzidas como jogo ou interação lúdica também (rádio, trompete ou um papel em uma produção teatral), a execução tem uma relação muito especial para os jogos e o design de jogos.

Os esquemas do design de jogos agrupados sob o título de **INTERAÇÃO LÚDICA** são completamente di-

ferentes daqueles agrupados sob **REGRAS.** Em vez de serem focados nas qualidades formais do objeto do jogo em si, os esquemas da **INTERAÇÃO LÚDICA** são *experimentais,* diretamente focados na experiência real dos jogadores. Essa é uma mudança radical do ponto de vista das **REGRAS,** uma mudança que abre muitas novas formas de ver os jogos. Mas, por que é assim? O que a **INTERAÇÃO LÚDICA** oferece que as **REGRAS** não oferecem?

É simples, realmente. A execução de um jogo é algo que só existe como uma experiência. É possível considerar a lógica de um sistema de regras, considerar o jogo formalmente, sem entender como esse sistema de regras será experimentado. Mas, ao enquadrar os jogos como **INTERAÇÃO LÚDICA,** devemos considerar não apenas as regras, mas também o sistema de regras como um contexto projetado para proporcionar uma experiência particular de interação lúdica para os participantes do jogo. Essa experiência pode ser uma experiência social, uma experiência narrativa ou uma experiência de prazer. Ver os jogos como sistemas experimentais significa vê-los como participação, como observação, como um estado mental, sensação corporal, como emoção, como algo *vivido.* Na **INTERAÇÃO LÚDICA,** as dimensões experimentais dos jogos são explícitas.

CULTURA: Esquemas contextuais

Ainda que o reino da interação lúdica possa parecer amplo e variado em relação ao mundo analítico das regras, a interação lúdica é, em certo sentido, limitada também. Os jogos ocorrem em locais definidos de tempo e espaço. É quando exploramos os jogos no campo da cultura que a sobreposição entre o mundo do jogo e do mundo em geral vem à luz. Quando consideramos os jogos como **INTERAÇÃO LÚDICA,** limitamos a análise ao espaço definido pelo jogo real em si. Na **INTERAÇÃO LÚDICA,** enfatizamos a experiência humana do jogo, mas sem nos afastar muito dos limites do jogo. Quando começamos a olhar para além do interno, as qualidades intrínsecas dos jogos em relação às qualidades trazidas para o jogo com base em contextos externos, o foco se estende para dentro do território da **CULTURA.**

Os esquemas apresentados sob a **CULTURA** são esquemas contextuais. Eles focam nas dimensões culturais dos jogos, design de jogos e interação lúdica. Ao con-

Regras do jogo | Salen e Zimmerman

siderar os jogos por um ponto de vista cultural, nosso objetivo é entender como o design de um jogo, da interação lúdica significativa, engaja os sistemas compartilhados de valor e significado. Mesmo tendo em conta as qualidades formais e experimentais dos jogos, esses esquemas se voltam para os efeitos da cultura nos jogos e os efeitos dos jogos na cultura. Baseando-se nas ideias da retórica e da representação para o vazamento do mundo artificial de um jogo no mundo real, esses esquemas destacam os limites variáveis entre os jogos e os contextos em que são jogados e produzidos.

O papel do contexto é fundamental para o estudo dos jogos porque um contexto é o ambiente do sistema de jogo. É o espaço que circunda e existe fora do sistema. Na criação do limite externo do sistema, o contexto também ajuda a definir o próprio sistema. Além disso, se o sistema for aberto, ele irá interagir com seu ambiente mudando seu contexto, mesmo quando ele próprio muda.

Com esse esquema dos nossos três Esquemas Primários, terminamos o Volume 1 de *Regras do Jogo*. Nos próximos capítulos, vamos detalhar essa estrutura que ainda está na forma de um esqueleto, ampliando nossos conceitos-chave fundamentais para dar plena vida ao design de jogos e à interação lúdica significativa.

Notas

1. George Cowen and David Pines, *Complexity: Metaphors, Models and Reality* (Santa Fe: Addison Wesley Longman, 1994), p. 263-277.

2. Ibid. p. 265.

3. Ibid. p. 268.

4. David Rumelhart and Andrew Ortony, "The Representation of Knowledge in Memory". In *Schooling and the Acquisition of Knowledge,* edited by Richard Anderson, Rand Spiro, and William Montague (Hillsdale, NJ: Lawrence Earlbarm, 1997), p. 99-135.

5. Ben Martin, "The Schema". In *Complexity: Metaphors, Models and Reality,* edited by George Cowen and David Pines (Santa Fe: Addison Wesley Longman, 1994), p. 272-273.

Os esquemas primários — Resumo

- A estrutura conceitual deste livro oferece três formas de enquadrar ou entender os jogos: REGRAS, INTERAÇÃO LÚDICA e CULTURA. Cada um desses esquemas primários contém vários esquemas mais especializados.

    - As **REGRAS** contêm esquemas **formais** de design de jogos.

    - A **INTERAÇÃO LÚDICA** contém esquemas **experimentais** de design de jogos.

    - A **CULTURA** contém esquemas **contextuais** de design de jogos.

- Um **esquema** é uma forma de organizar e enquadrar o conhecimento. Os esquemas têm as seguintes características:

    - **Os esquemas têm variáveis.** Elas fornecem uma estrutura que pode integrar novas informações.

    - **Os esquemas podem incorporar outros esquemas.** Eles podem conter outros esquemas dentro de si.

    - **Os esquemas representam o conhecimento em muitos níveis de abstração.** Eles permitem muitos pontos de vista do mesmo objeto. ·

    - **Os esquemas representam o conhecimento, em vez de definições.** Eles são essencialmente "enciclopédicos", em vez de serem "definicionais".

- Os esquemas formais ou baseados em regras focam as estruturas lógicas e matemáticas dos jogos. A palavra "formal" refere-se tanto à forma interna de jogos como à formalização do conhecimento sobre o jogo.

- Os esquemas baseados na interação lúdica ou experimentais focam a experiência e interação humana nas suas múltiplas dimensões.

- Os esquemas culturais ou contextuais focam a relação entre um jogo e os contextos culturais nos quais ele está incorporado.

Rivalidade entre Irmãos
Um jogo para dois ou mais jogadores

Visão geral

Os jogadores são irmãos tentando incomodar um ao outro. Se eles forem longe demais, um pai vai entrar em cena e puni-los. Quando os jogadores marcam pontos, eles avançam na pista de pontuação. O objetivo do jogo é ser o primeiro a cruzar a linha de chegada na pista de pontuação.

Regras

Equipamento e Iniciando o Jogo

Rivalidade entre Irmãos tem um tabuleiro com duas partes: o tabuleiro de desafio e a pista de pontuação. O tabuleiro de desafio é composto de uma grade de cinco pistas de desafio numeradas com dados, 2-6. A pista de pontuação é a pista com um início e fim, marcados com diabinhos e anjinhos em algumas casas. Cada jogador tem dois peões iguais (por exemplo, duas moedas). Um peão avança do início ao fim na pista de pontuação, quando um jogador atormenta com sucesso seus irmãos; o outro peão faz desafios no tabuleiro de desafio. O primeiro peão será o peão de desafio; o segundo peão, o de pontuação. Você também precisa de cinco dados para jogar. Selecione um jogador para ir primeiro.

Na sua vez

No início de sua vez, se seu peão de desafio estiver na pista de desafio, remova-o e marque o número de pontos nessa casa avançando seu peão de pontuação. *Exemplo: Se o peão de desafio estiver 4 casas adiante na pista de desafio número dois, na casa denominada "olhar firme", você ganhará 3 pontos.* Claro que, na primeira vez, você não terá nenhum peão em nenhuma pista.

Durante sua vez, você rolará os cinco dados e avançará seu peão de desafio em uma das pistas, uma casa para cada número tirado que for igual ao da pista com que você está jogando. *Exemplo: você obtém 2,2,3,5,6 — se você estiver jogando com a pista de número dois, poderá avançar seu peão de desafio 2 casas. Se você estiver avançando na pista número três, poderá avançar seu peão uma casa. Se estiver avançando na pista número quatro, não poderá avançar seu peão.* Todos os 1s jogados são postos de lado e você pode escolher jogar de novo ou parar. Se jogar de novo, role todos os dados, exceto seus 1s. Continue o processo de jogar novamente avançando seu peão de pontuação, separando os 1s até que você opte por parar ou acumule três (ou mais) 1s.

Você está restrito às pistas onde pode avançar. Quando o tabuleiro de desafio estiver limpo, você deverá avançar na pista número dois. Se o tabuleiro tiver peões de desafio, você poderá avançar em qualquer pista com um peão, em uma tentativa de superar seu irmão ou escalar uma pista mais alta. *Exemplo: Há um peão na pista número três e um peão na pista número quatro. Você pode avançar seu peão de desafio nas pistas número três, quatro, ou escalar a pista número cinco.*

Regras do jogo | Salen e Zimmerman

Você pode mudar a pista onde está avançando no decorrer de sua vez. Depois de avançar em uma pista, você pode remover seu peão após jogar e começar a avançar na outra pista. *Exemplo: O tabuleiro tem um peão de desafio na pista número quatro na terceira casa, marcada como "soco no queixo". Você só pode optar por avançar seu peão na pista número quatro, desafiando seu irmão, ou escalar a pista número cinco. Você joga 1, 2, 4, 6, 6 e avança seu peão de desafio uma casa na pista número quatro. Em seguida, jogue de novo os quatro dados (você não tem permissão para rolar de novo os dados que deram 1) e você terá 1, 5, 5, 5. Você pode optar por remover seu peão de desafio da pista número quatro e avançar 3 na pista número cinco.*

Terminando sua vez

Se você acumulou três (ou mais) 1s, mamãe ou papai pegou você no ato e você volta na pista de pontuação uma casa para cada 1 com o qual terminou sua vez. Você também pode remover seu peão de desafio.

Se optar por terminar sua vez e tiver apenas seu único peão em sua pista de desafio, você deve deixá-lo lá e esperar que ainda esteja lá no início de sua próxima vez, para que possa marcar pontos para essa casa.

Se optar por terminar sua vez e se for o peão mais avançado na pista que você estava desafiando, remova o outro peão e deixe o seu lá. Você poderá pontuar com seu peão se ainda estiver lá no início de sua próxima vez.

Se você optar por terminar sua vez e estava preso ou atrás de outro peão na pista escolhida, retire seu peão de desafio porque você não superou seu irmão.

Se você conseguir fazer avançar um peão de desafio para a última casa em uma pista, remova todos os peões nessa pista, pontue na casa e inicie outra vez.

Pontuação

Quando você avança seu peão de pontuação:

Se você ficar sobre o peão de outro jogador, volte até que esteja em um espaço livre (ou remova a tabela de pontuação!).

Se seu peão de pontuação ainda não estiver no tabuleiro, ignore o movimento para trás. Da mesma forma, se você tiver que mover seu peão para trás e chegar ao final da pista, retire seu peão de pontuação e ignore o movimento para trás em excesso.

Se seu peão estiver no "Anjinho", de alguma forma você conseguiu as boas graças de seu pai. É preciso ter quatro 1s para pegar você!

Se seu peão estiver no "Diabinho", seus pais levantaram uma suspeita a seu respeito. É preciso ter dois 1s para pegar você.

Se você avançar seu peão de pontuação para depois do fim, ganhou o jogo!

Pare de olhar para mim! 6 & PONTUA!	Pare de fazer caretas! 7 & PONTUA!	Hahahahaha! 8 & PONTUA!	Ai! Pare com isso! 9 & PONTUA!	MAMÃE! É verdade? 10 & PONTUA!
Olhar vesgo 5	Puxar os olhos 6	Congelar e usar a cabeça 7	Máquina de socar 8	Você foi adotado 9
Sorriso falso 4	Olhos arregalados 5	Cócegas nas axilas 6	Tostão ou paulistinha 7	Eu vi vermes saindo do seu nariz enquanto você dormia 8
Olhar fixo 3	Cara de bobão 4	Cócegas na cintura 5	Puxar os cabelos 6	Cuspi no seu suco 7
Olhar direto 2	Nariz de porco 3	Cócegas nas queixo 4	Beliscão 5	Estranho... eu herdei a beleza *E* a inteligência 6
Olhar de soslaio 2	Mostrando a língua 3	Cócegas no pé 4	Empurrão 5	Sua cueca está aparecendo 6
Olhar de perto 2	Biquinho de beijo 3	Fingir cócegas 4	Fingir socar 5	Duhhh! 6

Olhares   Caretas   Cócegas   Ataques   Provocações

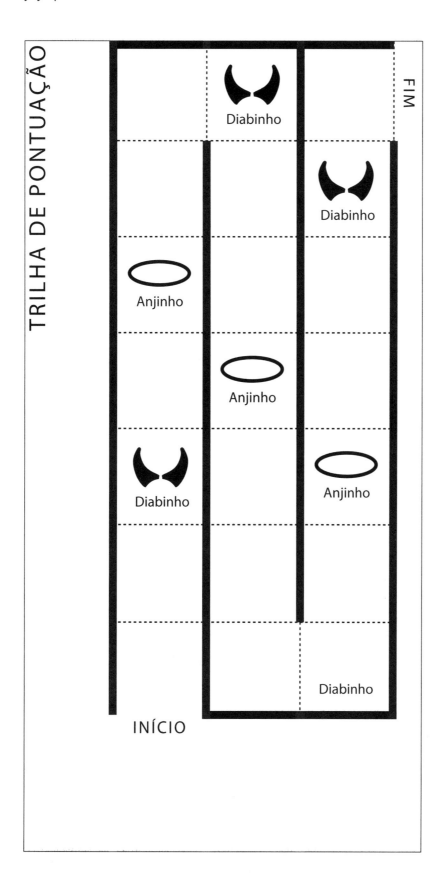

NOTAS SOBRE O DESIGN

Richard Garfield

Rivalidade entre Irmãos

Fase 1: Restrições gerais

A primeira coisa que fiz foi considerar as restrições do projeto, que incluíam a plateia e o equipamento. A plateia entendi como sendo adultos, mas não necessariamente os jogadores. Como resultado, eu estava inclinado a um jogo leve, mas não sem uma estratégia. Em termos de equipamento, precisei de algumas páginas em um livro. Houve a oferta para incluir cartões descartáveis com corte vincado, mas eu sabia que era um problema para o editor e o proprietário do livro, por isso rejeitei essa opção. Decidi me limitar ao uso de materiais de jogo que as pessoas normalmente têm disponíveis (dados, contadores, baralhos de cartas, blocos de notas e assim por diante). Eu usaria as páginas para as regras e, talvez, um tabuleiro simples, que seria copiado ou talvez jogado dentro do livro.

Fase 2: Conceito

Estou brincando constantemente com os conceitos de design de jogo e os temas do jogo, usando-os para fazer joguinhos para meu próprio divertimento e crescimento. Tento apenas publicar uma porcentagem muito pequena desses jogos. Isso significa que normalmente tenho um monte de ideias para aproveitar quando recebo um projeto autorizado.

Motivo: Uma ideia que eu vinha remoendo era um jogo de Rivalidade entre Irmãos, com as crianças tentando incomodar umas às outras, enquanto não eram pegas (ou enquanto colocavam outra pessoa em apuros). Eu tinha pensado nisso como um jogo de cartas com um baralho especializado ou um jogo de tabuleiro com um tabuleiro elaborado incluindo todos os tipos de ambientes nos quais as crianças poderiam incomodar a outra (no banco de trás do carro, em frente à TV, na escola). Para poder utilizar esse tema, eu teria que reduzir o uso desse equipamento especializado. Mas achei essa modalidade divertida e apropriada para um projeto como esse; assim, brinquei com formas de lidar com essas mudanças.

Mecânica: Tenho interesse na mecânica do "arrisque sua sorte" e projetei alguns jogos baseados nisso. Esses jogos são caracterizados pela escolha entre continuar ou pegar seu lucro. O jogo clássico do "arrisque sua sorte" é o Can't Stop, de Sid Sackson. Outro exemplo é o Six Man Zonk, que foi comercializado como Cosmic Wimpout. Tenho usado a mecânica principal em vários de meus próprios jogos, com o meu favorito sendo um jogo que chamo de Gonzo. Em Gonzo, os jogadores lançam cinco dados, contam um resultado específico — digamos, 4s — separam os 1s e escolhem se lançam de novo ou pegam seu lucro. Se o jogador acumular três 1s, ele perde sua vez. Gosto dessa mecânica porque sempre parece que você pode ter sorte e voltar.

Uma vez, tive esses dois conceitos na minha cabeça — o tema da rivalidade entre irmãos e a mecânica de jogo do Gonzo — e percebi que tinha uma combinação que provavelmente funcionaria. A ideia da minha tentativa de fazer coisas cada vez mais ultrajantes com o meu irmão enquanto arriscava ser pego (três 1s) era atraente para um jogo.

Fase 3: Primeiro protótipo

A versão mais antiga que testei chamava-se "Mas foi ele que começou!", projetada especificamente para dois jogadores. Tentei fazer a coisa de tal modo que alguém "começasse"; o jogador que foi pego pela mãe ou pelo pai estava em apuros. Se o jogador pego não foi o que começou, então a vitória seria especialmente doce (ou seja, vale muitos pontos). O jogo não tinha tabuleiro e os jogadores alternavam-se no lançamento de cinco dados até que alguém tirasse um 2, indicando que ele tinha "começado". Esse design original era muito semelhante à versão final, exceto que não havia nenhuma pista de pontuação, os jogadores faziam muito mais pontos (quatro 3s valiam 12 pontos, não os 4 pontos do jogo final) e havia um bônus para "iniciá-lo" e não ser pego.

Ficou rapidamente claro que "começar", apesar de uma mecânica de jogo clara em princípio, requeria regras demais: isso tornava o jogo muito mais complexo por apenas um pouco mais de diversão. Manter o controle de pontos também foi um problema, envolvendo muitas contas de adição e subtração. Essa observação levou à construção de um tabuleiro, que servia para controlar a pontuação e o desafio atual.

Fase 4: Evolução

Houve muitos elementos que evoluíram ao longo das pistas independentes:

Evolução do tabuleiro de desafio

Eu incluí o design de um tabuleiro inicial para ter uma referência. Assim que um tabuleiro é adicionado a um jogo, algumas coisas se tornam mais naturais que outras. Por exemplo, tornou-se natural dar pontos com base no do tabuleiro de desafio porque os jogadores poderiam escrever os pontos no tabuleiro. Esse método foi menos evidente do que "o número total de vitórias ou derrotas" que eu estava usando antes. Por um tempo, eu não queria que as pistas de desafio fossem finitas, mas obviamente tiveram que ser: fisicamente ou mesmo logicamente. Então, surgiu a pergunta: que tamanho uma pista de desafio tem e o que acontece quando um jogador atinge o topo? Finalmente, cheguei a sete casas (a partir de uma dezena inicial). Com dez casas, se as pessoas chegassem ao topo com dificuldade, o tabuleiro ficaria desnecessariamente cheio. Normalmente, com sete casas, alguém chegaria ao topo durante um jogo, mas nem sempre, portanto pareceu ser um bom tamanho. Originalmente, eu tinha uma espécie de regra ineficiente segundo a qual, quando você chegasse ao topo, poderia vencer o outro jogador que já estava lá. Essa regra era análoga à do jogo original em que você podia sempre vencer o jogador anterior, se tivesse sorte. A regra mantinha o jogo o mais próximo possível da versão original sem tabuleiro. Com o uso de um tabuleiro, eu acreditava que a regra natural era premiar o jogador que chegasse ao fim com um bônus: uma vitória imediata, mais uma rodada adicional, parecia ser uma boa ideia. Em particular, essa regra faz com que um jogador possa vencer em qualquer rodada se tiver sorte suficiente, o que dá um sentido de ousadia ao jogo.

72	66	60	54	48
60	55	50	45	40
48	44	40	36	32
35	33	30	27	24
24	22	20	18	16

	OLHAR (⚁)	CARETA (⚂)	ATAQUE (⚃)	CÓCEGAS (⚄)	PROVOCAÇÃO (⚅)
	12	18	24	30	36
	10	15	20	25	30
	8	12	16	20	24
	6	9	12	15	18
	4	6	8	10	12

Evolução da pista de pontuação

A pista de pontuação diminuiu de tamanho ao longo do processo de desenvolvimento, que não só tornou o placar mais simples, como também permitiu que a pista de pontuação adquirisse uma função especial no jogo. Por exemplo, a regra segundo a qual um jogador deve voltar quando o jogador para sobre o peão de outro jogador é uma irritação real quando a pista tem mais de 100 casas de comprimento. Voltar foi, portanto, uma solução natural, e isso acontece tão raramente que realmente não vale a pena o espaço que a regra ocupa. Porém, quando o tabuleiro diminuiu, essa regra ficou interessante, na medida em que muitas vezes modifica a forma conservadora como um jogador poderia jogar na pista de desafio. Igualmente, na pista menor, as casas do Anjinho e do Diabinho afetaram a estratégia e o jogo na pista de desafio de uma forma interessante. Na pista longa seria muito chato e difícil visar a uma casa específica.

Evolução da pontuação

O sistema de pontuação começou de modo bastante complicado: um jogador teria que somar o total de todas as vitórias e derrotas jogadas e somar ou subtrair isso de sua pontuação atual. Eu realmente queria tornar a pontuação simples, então tentei usar o extremo oposto: um ponto recebido para ganhar uma rodada, independentemente de qual número foi jogado. Como esperado, esse sistema foi mais simples — mas também um pouco sem graça. Os jogadores eram motivados a arriscar sua sorte — quanto mais alto era o número jogado, menos chances eles tinham de ser vencidos — e perder o ponto. No fim, cheguei a uma solução intermediária, com pontos fixos para as três primeiras fileiras e pontos que subiam lentamente depois disso.

Evolução do número de jogadores

Minha filosofia era que, como um jogo para dois jogadores, talvez pudesse ser adaptado naturalmente para aceitar três ou mais jogadores. O teste mostrou que, com esses números, o jogo funcionou surpreendentemente bem. Não estou certo se houve alterações no jogo para aceitar grupos de mais de dois jogadores — apenas alterações no modo como generalizei as regras. Por exemplo, com dois jogadores, pensei que, quando um jogador fosse pego pela mãe ou pelo pai, a rodada terminaria. Com mais de dois jogadores, funcionava melhor se apenas o jogador pego fosse punido e a rodada continuasse, até que o tabuleiro de desafio ficasse limpo.

Evolução da ergonomia do jogo

A ergonomia do jogo é como vejo o processo mecânico de jogar: o que é estranho, o que é complexão demais, quais manipulações demoram muito tempo ou geram muitos erros. Um exemplo de uma mudança na ergonomia do jogo é avançar seu peão na pista de desafio durante o curso de uma rodada e removê-lo se você não tiver passado o peão de seu oponente. Originalmente, você só colocava o peão no tabuleiro se vencesse o peão do outro jogador, assim podíamos criar a regra segundo a qual uma pista de desafio tem apenas um peão. Essa mudança não afetou o jogo, apenas permitiu que os jogadores não mantivessem mentalmente um registro do resultado de sua rodada. É um resultado muito natural, mas, na verdade, não me ocorreu até mais ou menos a metade do desenvolvimento, quando alguns jogadores começaram a fazer isso como algo natural.

Richard Garfield

Richard Garfield desenhava e experimentava jogos e design de jogos ainda quando criança, um *hobby* adquirido na escola e no início de carreira. Ele fez doutorado em Matemática pela Universidade da Pensilvânia, com a intenção de viver a vida de um matemático acadêmico. O primeiro jogo de Richard publicado, Magic: The Gathering, foi um jogo que permitia que os jogadores escolhessem suas próprias cartas, compartilhando o papel do designer de jogos com os jogadores. O sucesso fenomenal de Magic permitiu-lhe tornar-se um designer de jogos em tempo integral. Agora, ele estuda e projeta jogos desde jogos de salão até o jogo de troca de cartões colecionáveis, um gênero de jogo de papel que ele criou.

CONCLUSÃO

Uma vez que você sabe aonde pode ir e aonde vale a pena ir, chegar lá não é nenhum problema. Apenas interesse e paciência.

— **David Sudnow**, *Pilgrim in the Microworld*

Interesse e paciência. Eis o que foi preciso para concluir este livro.

Certamente, uma grande parte do nosso processo foi aprender a ver: ver de onde estávamos vindo, para onde estávamos indo e como avançar. Como um quebra-cabeça diabolicamente complicado, cada passo resolvia outra parte do padrão, enquanto abria novas perspectivas para a navegação. Achamos que tudo se articulava em torno de ver as articulações, e os padrões no padrão. Quando aprendemos a vê-los, percebemos que estavam ali o tempo todo, esperando pacientemente serem descobertos.

Tendo construído o sistema, jogado e saído do outro lado, encontramo-nos transformados. Passamos muitos meses (até anos) dentro do sistema, jogando com ele, resistindo a ele e, às vezes, quebrando-o. Foi fácil esquecer que também estávamos sendo jogados, sofrendo resistência e, às vezes, sendo quebrados. (Mas isso não é tão ruim quanto parece.) E, para ser honesto, a transformação nos pegou de surpresa. Embora este livro tenha se desenvolvido com base nas nossas experiências ensinando o design de jogos, projetando jogos e — especialmente — jogando-os, foi apenas quando começamos a escrever que o nosso esforço encontrou uma alma. Essa alma está repleta da alegria da interação lúdica: repleta de crianças duelando no jogo Magic em uma varanda do Brooklyn, um corredor solitário transpirando em uma trilha rural, duas avós disputando Tranca valendo dinheiro, uma festa numa rede local depois das quatro da manhã jogando Quake. A alma é colorida pela paixão dos designers de jogos que passam horas incontáveis ajustando um jogo para criar a interação lúdica por meio da alquimia das regras, pelos designers de nível que inventam fabulosos novos mundos de possibilidades para nós habitarmos, pelos programadores que constroem mecanismos de jogo tão elegantes que até o código parece agradecido. É essa alma da interação lúdica que nós mesmos descobrimos.

O que descobrimos não é nenhum segredo, pois está escrito em quase todas as páginas. Os designers de jogos criam a interação lúdica significativa. A interação lúdica verdadeiramente significativa. O tipo sobre o qual os jogadores falam anos após a partida ter terminado, o tipo que reúne fãs leais e acorda-nos no meio da noite querendo jogar novamente, o tipo de interação lúdica que nos ensina o que *significa* jogar. E, talvez, o mais profundo significado de interação lúdica seja sua capacidade de transformar. A interação lúdica transformadora é um momento de transcendência, no qual as estruturas que tomamos como certas de repente se materializam como jogadores. A gramática conta uma piada. O chão do salão se levanta para dançar. A Regra rígida fica flexível e ágil, e salta para os braços do Jogo. A interação lúdica transformadora pode metamorfosear os jogadores de um jogo, a cultura da qual o jogo é uma parte, e até o próprio jogo. Como autores deste livro, também fomos tomados pela interação lúdica transformadora, mudados pelas articulações e pelos padrões revelados. Esperamos que você também tenha sido transformado por sua experiência com essas páginas, por um corpo antigo e sublime de conhecimento, pela novidade das questões levantadas, pela bela natureza do jogo.

O que realmente nos traz de volta à atenção e os nervos? O que será preciso para mudar a face do design de jogos? Em que momento o sistema será transformado pela interação dos designers que trabalham dentro dele? Você se importa o suficiente para correr o risco? Você realmente se interessa? Este é um momento importante, pois o campo está pronto para a mudança e o resultado é incerto. Sinceramente, não sei qual tipo de mudança uma transformação pode trazer. Mas, ainda assim, somos ativistas que querem uma transformação radical no design de jogos.

Sabemos o que constitui um jogo; sabemos como funcionam, por que importam e o tipo de experiência que eles são capazes de produzir. Mas mal testamos os limites do potencial que eles têm para se transformar. Deixamos como desafio para você testar os limites, encontrar sua própria alma de designer de jogos e reunir toda a atenção e nervos que você tem para transformar e descobrir o que significa jogar.

Finalmente: somos especialmente gratos aos professores e alunos pelos quais tivemos o prazer e a honra de ser desafiados ao longo da nossa própria evolução como estudantes de jogos. E de um autor para o outro, *game over*. O jogo acabou, finalmente!

Obrigado pelo bom jogo.

Vamos jogar de novo?

Apêndice

leituras e recursos adicionais

bibliografia

lista dos jogos citados

LEITURAS E RECURSOS ADICIONAIS

Embora as leituras sugeridas acompanhem a maioria dos quatro volumes desta obra, aqui listamos uma série de referências mais gerais que não se encaixam perfeitamente em nenhum capítulo específico. Essas leituras e recursos adicionais variam desde sites Web acadêmicos até histórias visuais dos jogos digitais. Obviamente, há inúmeros sites e livros que tivemos de excluir dessa pequena lista, mas esperamos que essas fontes e as outras que listamos neste livro possam ser pontos de partida para suas próprias investigações de pesquisa.

Computer Game Graphics, de Liz Faber & State Design

Originalmente publicado sob o título *Re:Play* no Reino Unido, o *Computer Game Graphics* apresenta a cultura visual e a arte dos jogos de computador. O forte design visual do livro presta-se bem para o assunto, com muitos dos desenvolvimentos funcionando como ensaios em forma de imagem. A escrita tem um papel secundário para a apresentação dos gráficos e o valor principal do livro está em sua documentação do design visual dos jogos.

Digital Games Research Association (DiGRA)

No momento da publicação deste livro, esta jovem organização acadêmica ainda estava começando. Mas a DiGRA promete ser a primeira associação profissional dedicada ao estudo interdisciplinar dos jogos digitais. Seus membros variam desde os historiadores do jogo e os teóricos da mídia até os educadores do design e os desenvolvedores de jogos. O site Web da associação pode ser encontrado em: <www.digra.org>.

Electronic Plastic, de Jaro Gielens, Büro Destruct, Uwe Schütte

Electronic Plastic é uma análise visual de mais de 400 jogos de computador da "antiga escola", incluindo dispositivos portáteis e jogos de mesa arcade. O livro oferece uma excelente visão do design visual dos jogos das décadas de 1970 e 1980, incluindo retrotipografia, design de marca e embalagem do período, e caixas de plástico coloridas.

The 400 Rules Project (Projeto com 400 Regras)

Localizado em <http://www.theinspiracy.com/400_project.htm>, The 400 Rules Project é um projeto de design de jogos colaborativos liderado pelos veteranos designers de jogos de computador Noah Falstein e Hal Barwood. Inspirado por uma palestra de Barwood dada na Game Developers Conference em 2001, Falstein continuou o projeto por meio de uma coluna na *Game Developer Magazine*. A premissa do 400 Rules Project é que há um número limitado de "regras" ou diretrizes de design que se aplicam a todos os jogos, e o objetivo do projeto é descobri-las. Embora bastante formal em seu escopo, o projeto representa uma maravilhosa iniciativa de design de jogos colaborativos.

International Game Developers Association

Esta organização profissional atua no setor de desenvolvimento de jogos digitais. O site Web, localizado em <www.igda.org>, é rico em recursos para o desenvolvedor de jogos já estabelecido e para os aspirantes, incluindo desde listagens de filiais da IGDA até colunas regulares sobre vários assuntos e vastos recursos educativos.

Joystick Nation: How Video Games Ate Our Quarters, Won Our Hearts, and Rewired Our Minds, de J. C. Herz

Escrito em 1997, *Joystick Nation* foi um dos primeiros estudos abrangentes e populares sobre o fenômeno cultural dos videogames. Um registro jornalístico direto, o livro oferece uma boa visão da cultura pop dos jogos e traça alguns dos fatores que afetam o crescimento dos videogames como uma forma cultural.

Ludology.org

Esse site Web, mantido pelo teórico dos jogos Gonzalo Frasca, é um dos melhores portais para assuntos relacionados ao estudo acadêmico dos jogos. Ele inclui extensas listas de blogs de estudos dos jogos, conferências e recomendações de documentos, e apoia uma comunidade de discussão saudável.

Phoenix: The Fall and Rise of Videogames, de Leonard Herman

Phoenix oferece uma visão detalhada da história dos consoles de videogame domésticos. A ênfase é tecnológica e o foco não está nos jogos, mas no design dos consoles si. Embora a leitura possa ser densa, o livro oferece uma visão importante da história da indústria do console e é uma obra de referência inestimável.

Sirlin.net

Um site Web peculiar e carinhoso, <www.sirlin.net> é o trabalho de David Sirlin, um ex-matemático e, às vezes, designer de jogos. O site contém um grande número de pequenos artigos sobre o design de jogos, a maioria deles tendo uma abordagem formal para a compreensão de fenômenos como o design das regras, a narrativa e a competição. Embora existam muitos sites de design de jogos na Web, Sirlin.net contém uma quantidade surpreendente de comentários e análises cuidadosos.

Supercade: A Visual History of the Videogame Age 1971–1984, de Van Burnham

Supercade é uma história visual e uma linha do tempo tecnológica do desenvolvimento do videogame durante um dos períodos mais importantes da indústria. O livro oferece resumos informativos de praticamente todos os videogames produzidos entre 1971-1984, junto com uma documentação bem pesquisada sobre o design visual de jogos.

Trigger Happy: Videogames and the Entertainment Revolution, de Steven Poole

Trigger Happy postula que os jogos são uma forma cultural a ser considerada, não só por causa de seu crescente domínio econômico na indústria do entretenimento, mas por causa de seu status como uma forma de arte. Poole analisa os jogos de várias perspectivas e aplica-lhes uma análise literária, filosófica e semiótica. Ele também traça o desenvolvimento da forma dos primeiros jogos de 8 bits até os sistemas tecnológicos e culturais complexos que eles são hoje.

Recomendados:

Capítulo 3: Unreal Cities

Capítulo 8: The Player of Games

BIBLIOGRAFIA

Aarseth, Espen J. *Cybertext: Perspectives on Ergodic Literature*. Baltimore: John Hopkins University Press, 1997.

Abrams, Janet. "Other Victories". *In If/Then*, ed. Janet Abrams. Amsterdam: Netherlands Design Institute, 1999, p. 245-47.

Abt, Clark C. *Serious Games*. Nova York: Viking Press, 1970.

Alexander, Christopher. *Notes on the Synthesis of Form*. Cambridge, MA: Harvard University Press, 1964.

Ambasz, Emilio. *Emilio Ambasz: The Poetics of the Pragmatic*. Nova York: Rizzoli International Publications, 1988.

Apter, Michael J. "A Structural-Phenomenology of Play". In *Adult Play: A Reversal Theory Approach*, ed. J. H. Kerr e Michael J. Apter. Amsterdam: Swets and Zeitlinger, 1991, p. 192-201.

Atari, Inc., Super Breakout. Atari Game Program Instructions. Sunnyvale, CA: Atari, Inc., 1981 (arquivado em <www.atariage.com>).

Avedon, E. M. "The Structural Elements of Games". In *The Study of Games,* ed. E.M. Avedon e Brian Sutton-Smith. Nova York: John Wiley, 1971, p. 419-426.

Avedon, E.M. e Brian Sutton-Smith. The Study of Games. Nova York: John Wiley, 1971.

Bak, Per. *How Nature Works: The Science of Self Organized Criticality*. Nova York: Copernicus Books, 1996.

Bartle, Richard. "Hearts, Clubs, Diamonds, Spades: Players Who Suit MUDs". <http://www.mud.co.uk/richard/hcds.htm>.

Barwood, Hal and Noah Falstein. The 400 Rules Project. <http://www.theinspiracy.com/400_project.htm>.

Bates, Bob e Andre LaMothe, eds. *Game Design: The Art and Business of Creating Games*. Boston: Premier Press, 2001.

Bateson, Gregory. "A Theory of Play and Fantasy". In *Steps to an Ecology of Mind*. Chicago: The University of Chicago Press, 1972, p. 191-222.

Beach Frank A. "Current Concepts of Play in Animals". In *Child's Play,* ed. R.E. Herron e Brian Sutton-Smith. Nova York: John Wiley, 1971, p. 196-211.

Berman, Joshua e Amy Bruckman. "The Turing Game: Exploring Identity in an Online Environment". *Convergence* 7(3): 83-102, 2001.

Bodley, John H. *Cultural Anthropology: Tribes, States, and the Global System*. Nova York: McGraw-Hill Higher Education, 1994.

Bolter, Jay David e Richard Grusin. *Remediation: Understanding New Media*. Boston: MIT Press, 1999.

Bonasia, Maria. "MetaMystery", May 30, 2001, <www.cloudmakers.org>.

Boria, Eric, Paul Breidenbach e Talmadge Wright. "Player Talk and the Social Mediation of Virtual Violence". Manuscrito inédito, 2002.

Buchanan, Richard. "Wicked Problems in Design Thinking". In *The Idea of Design: A Design Issues Reader*, ed. Victor Margolin e Richard Buchanan. Cambridge, MA: MIT Press, 1995, p. 3-20.

Buchanan, Richard. "Branzi's *Dilemma: Design in Contemporary Culture*". In *Design: Pleasure or Responsibility?* ed. P. Takhokallio e S. Vihma. Helsinki: University of Art and Design Helsinki, 1995, p. 15-27.

Burnham, Van. *Supercade: A Visual History of the Videogame Age 1971-1984*. Cambridge, MA: MIT Press, 2001.

Caillois, Roger. *Man, Play, and Games*. Londres: Thames and Hudson, 1962.

Cameron, Andy. "Dissimulations: Illusions of Interactivity". MFJ No. 28: Spring, 1995. <http://infotyte.rmit.edu.au/rebecca/html/dissimulations.html>.

Campbell, Jeremy. *Grammatical Man: Information, Entropy, Language, and Life*. Nova York: Simon and Schuster, 1982.

Carroll, Lewis. *Alice's Adventures in Wonderland and Through the Looking Glass*. Nova York: Signet Classic, 2000.

Cassell, Justine e Henry Jenkins, eds. *From Barbie to Mortal Kombat: Gender and Computer Games*. Cambridge, MA: MIT Press, 1998.

Casti, John. *Complexification: Explaining a Paradoxical World Through the Science of Surprise*. Nova York: Harper Collins Publishers, 1994.

Chandler, Daniel. *Semiotics for Beginners*. <www.aber.ac.uk/~dgc/semiotic.html>.

Church, Doug. "Formal Abstract Design Tools", <www.gamasutra.com>.

Cloudmakers.org. <www.cloudmakers.org>.

Cohen, Scott. *Zap: The Rise and Fall of Atari*. Philadelphia, PA: XlibrisCorporation, 1964.

Costikyan, Greg. "Don't be a Vidiot: What Computer Game Designers Can Learn from Non-Electronic Games". 1998 Game Developer's Conference (arquivado em <www.costik.com/vidiot.hmtl>).

Costikyan, Greg. "I Have No Words and I Must Design". In *Interactive Fantasy #2* <www.geocities.com/SiliconValley/Bay/2535/nowords.html>.

Cowen, George e David Pines. *Complexity: Metaphors, Models and Reality*. Santa Fe: Addison Wesley Longman, 1994.

Crawford, Chris. *The Art of Computer Game Design*. <www.vancouver.wsu.edu/fac/peabody/ game-book/Coverpage.html>.

Crawford, Chris. *The Art of Interactive Design: A Euphorious and Illuminating Guide to Building Successful Software*. San Francisco: No Starch Press, 2002.

Crawford, Chris. *Understanding Interactivity*. San Francisco: No Starch Press, 2002.

Csikszentmihalyi, Mihaly. Flow: *The Psychology of Optimal Experience*. Nova York: Harper Collins Publishers, 1991.

Davis, Morton D. *Game Theory: A Nontechnical Introduction*. Mineola: DoverPublications, 1970.

DeKoven, Bernard. "Creating the Play Community". In *The New Games Book*, ed. Andrew Fluegelman e Shoshana Tembeck. Nova York: Doubleday, 1976, p. 41-42.

DeKoven, Bernard. *The Well-Played Game*. Nova York: Doubleday, 1978.

Dilnot, Clive. *The Science of Uncertainty: The Potential Contribution of Design Knowledge*. Proceedings of the Ohio Conference, Doctoral Education in Design. Pittsburgh School of Design, Carnegie Mellon University, 9 de outubro de 1998.

Dunnigan, James F. *Wargames Handbook: How to Play and Design Commercial and Professional Wargames*, 3. ed. San Jose: Writers Club Press, 2000.

Edwards, Paul N. *The Closed World*. Cambridge, MA: MIT Press, 1996.

Ekeland, Ivar. *The Broken Dice: And Other Mathematical Tales of Chance*. Chicago: University of Chicago Press, 1993.

Ellington, Henry; Eric Addinall e Fred Percival. *A Handbook of Game Design*. Londres: Kogan Page Limited, 1982.

Epstein, Richard. *The Theory of Gambling and Statistical Logic*. San Diego: Academic Press, 1977.

Faber, Liz. *Computer Game Graphics*. Nova York: Watson-Guptill Publications, 1998.

Fatsis, Stefan. *Word Freak: Heartbreak, Triumph, Genius, and Obsession in the World of Competitive Scrabble Players*. Boston: Houghton Mifflin, 2001.

Feed Magazine. "Brave New Worlds: A Special Issue on Video Games". <www.feedmag.com>.

Findeli, Alain. "Moholy-Nagy's Design Pedagogy in Chicago, 1937-46". In *The Idea of Design: A Design Issues Reader*, ed. Victor Margolin e Richard Buchanan. Cambridge, MA: MIT Press, 1995, p. 29-38.

Fine, Gary Alan. *Shared Fantasy*. Chicago: University of Chicago, 1983.

Fluegelman, Andrew e Shoshana Tembeck. *The New Games Book*. Nova York: Doubleday, 1976.

Frasca, Gonzalo. Ludology.org. <www.ludology.org>.

Gamasutra.com. *The Art and Science of Making Games*. <www.gamasutra.com>.

Gamestudies.org. The International Journal of Computer Game Research, eds. Espen Aarseth, Markku Eskelinen, Marie-Laure Ryan, Susana Tosca.

Garfield, Richard. "Metagames". In *Horsemen of the Apocalypse: Essays on Roleplaying*, ed. Jim Dietz. Sigel, IL: Jolly Rogers Games, 2000, p. 16-22.

Geertz, Clifford. *The Interpretation of Cultures*. Nova York: Basic Books, 1977.

Gielens, Jaro. *Electronic Plastic*. Berlin: Die Gestalten Verlag, 2000.

Game Girl Advance. <www.gamegirladvance.com>.

Gleitman, Henry. *Psychology*, 2. ed. Nova York: W.W. Norton & Company, Inc .1986.

Goldstein, Kenneth. "Strategies in Counting Out". In *The Study of Games*, ed. Elliott Avedon e Brian Sutton-Smith. Nova York: John Wiley & Sons Inc., 1971, p. 172-77.

Gonzalez, Jesus M. "A Brief History of Open Source Software". <http://eu.conec-ta.it/paper/brief_history_open_source.html>.

Gygax, Gary. *Advanced Dungeons and Dragons Players Handbook*. Lake Geneva: TRS Hobbies, 1978.

Hale-Evans, Ron. "Game Systems Part 1". <www.thegamesjournal.com/articles/GameSystems1.shtml>.

Hall, Justin. "Brave New Worlds: A Special Issue on Video Games". *Feed Magazine*. <www.feedmag.com>.

Hallford, Neal e Jana Hallford. *Swords and Circuitry: A Designer's Guide to Computer Role Playing Games*. Boston: Premier Press, Incorporated, 2001.

Hancock, Hugh. "Better Game Design Through Cut-Scenes". Gamasutra.com. <www.gamasutra.com>.

Hans, James S. *Play of the World*. Boston: University of Massachusetts Press, 1981.

Harris, Tricia "Kazi Wren". "Mod World". In *Gamespy.com*, 22 de ago. 2002. <http://www.gamespy.com/modworld/August02/modworld12/>.

Hayles, Katherine. *How We Became Post-Human*. Chicago: University of Chicago Press, 1999.

Hebdige, Dick. *Subculture: The Meaning of Style*. Londres: Methuen & Co., Ltd., 1988.

Herman, Leonard. *Phoenix: The Fall and Rise of Videogames*. Springfield, NJ: Rolenta Press, 1994.

Herron, R. E. "A Syntax for Play and Games". In *Child's Play*, ed. Brian Sutton-Smith e R. E. Herron. Nova York: John Wiley and Sons, 1971, p. 298-307.

Heskett, John. *Industrial Design*. Nova York: Oxford University Press, 1980.

Herz, J. C. "Gaming the System: Multi-player Worlds Online", In *Game On: The History and Culture of Video Games*, ed. Lucien King. Londres: Laurence King Publishing Ltd., 2002, p. 86-97.

Herz, J. C. *Joystick Nation: How Videogames Ate Our Quarters, Won Our Hearts, and Rewired Our Minds*. Nova York: Little, Brown & Company, 1997.

Heskett, John. *Industrial Design*. Nova York: Oxford University Press, 1980.

Hickey, Dave. *Air Guitar: Essays on Art and Democracy*. San Francisco: Foundation for Advanced Critical Studies, Incorporated, 1997.

Holland, John. *Emergence*. Reading: Helix Books, 1998.

Hughes, Linda. "Beyond the Rules of the Game: Why Are Rooie Rules Nice?" In *The World of Play*, ed. Frank E. Manning. Proceedings of the 7th Annual Meeting of the Association of the Anthropological Study of Play. Nova York: Leisure Press, 1983, p. 188-199.

Hughes, Linda. "Children's Games and Gaming". In *Children's Folklore: A Source Book*. ed. Brian Sutton-Smith, Jay Mechling, Thomas W. Johnson e Felicia R. McMahon. Logan, UT: Utah State University Press, 1999, p. 93-120.

Huhtamo, Eric. "Game Patch: the Son of Scratch?" In *Cracking the Maze*. Curadora Anne-Marie Schleiner. 16 jul. 1999. <www.switch.sjsu.edu/CrackingtheMaze>.

Huizinga, Johann. *Homo Ludens: A Study of the Play Element in Culture*. Boston: Beacon Press, 1955.

Ikekeonwu e Nwokah. "Nigerian and American Children's Games". In *The Study of Play, Vol 1. Diversions and Divergences in Fields of Play*, ed. Margaret C. Duncan, Garry Chick e Alan Aycock. Nova York: Ablex/Greenwood Publishing Company, 1998, p. 61-75.

International Game Developers Association, <www.igda.org>.

Jenkins, Henry. "Complete Freedom of Movement: Video Games as Gendered Play Spaces". In *From Barbie to Mortal Kombat: Gender and Computer Games*, ed. Justine Cassell e Henry Jenkins. Cambridge, MA: MIT Press, 1998, p. 262-297.

Jenkins, Henry. "Testimony Before the U.S. Senate Commerce Committee, 4 maio 1999". <www.senate.gov/~commerce/hearings/0504jen.pdf.>

Jenkins, Henry. *Textual Poachers: Television Fans and Participatory Culture*. Nova York: Routledge, 1992.

Jenkins, Henry e Kurt Squire. "The Art of Contested Spaces". In *Game On: The History and Culture of Video Games*, ed. Lucien King. Londres: Laurence King Publishing Ltd., 2002, p. 64-75.

Johnson, Steven. *Emergence: The Connected Lives of Ants, Brains, Cities, and Software*. Nova York: Scribner, 2001.

Jonas, Wolfgang. "On the Foundations of a 'Science of the Artificial'". Breman, Germany: Hochschule fur Kunst und Design Halle, 1999. <http://home.snafu.de/jonasw/JONAS4-49.html>.

Juul, Jesper. "Games Telling Stories? A Brief Note on Games and Narratives". Gamestudies.org. <www.gamestudies.org>.

Kim, Scott. "What is a Puzzle?" <www.scottkim.com/articles.html>.

Kinder, Marsha. *Playing with Power in Movies, Television, and Video Games: From Muppet Babies to Teenage Mutant Ninja Turtles*. Los Angeles: University of California Press, 1993.

King, Geogg e Tanya Krzywinska. "*Computer Games | Cinema | Interfaces*". In *Computer Games and Digital Cultures, Conference Proceedings*, ed. Frans Mäyrä. Tampere, Finlândia: Tampere University Press, 2002, p. 89-107.

King, Lucien, ed. *Game On: The History and Culture of Video Games*. Londres: Laurence King Publishing Ltd., 2002.

Klevjer, Rune. "In Defense of Cut-Scenes". In *Computer Games and Digital Cultures, Conference Proceedings*, ed. Frans Mäyrä. Tampere, Finlândia: Tampere University Press, 2002, p. 191-2002.

Knizia, Reiner. *Dice Games Properly Explained*. Tadworth, Surrey: Elliot Right Way Books, 2001.

Krippendorff, Klaus. "On the Essential Contexts of Artifacts or On the Proposition that 'Design is Making Sense (of Things)'." In *The Idea of Design: A Design Issues Reader*, ed. Victor Margolin e Richard Buchanan. Cambridge, MA: MIT Press, 1995, p.156-86.

Kuper, Simon. "The World's Game Is Not Just A Game". In *The New York Times* Sunday Magazine, 26 maio 2002.

Langton, Christopher. *Artificial Life: An Overview*. Cambridge, MA: MIT Press, 1995.

Laramée, François Dominic, ed. *Game Design Perspectives*. Hingham, MA: Charles River Media, 2002.

Lantz, Frank e Eric Zimmerman. "Rules, Play, and Culture: Checkmate!". *Merge Magazine*, 1999, p. 41-43.

Laurel, Brenda. *Computers as Theater*. Reading, MA: Addison-Wesley Publishing Company, 1993.

LeBlanc, Marc. "Feedback Systems and the Dramatic Structure of Competition". Game Developers Conference, 1999.

Littlejohn, Stephen. *Theories of Human Communication*, 3. ed. Belmont, CA: Wadsworth Publishing Company, 1989.

Lupton, Ellen e J. Abbott Miller. "Laws of the Letter". In *Design, Writing, Research: Writing on Graphic Design*. Nova York: Princeton Architectural Press, 1996.

Mackay, Daniel. *The Fantasy Role-Playing Game: A New Performing Art*. Londres: McFarland & Company, Inc., 2001.

Manning, Frank E., ed. *The World of Play*. Proceedings of the 7th Annual Meeting of the Association of the Anthropological Study of Play. Nova York: Leisure Press, 1983.

Marcus, Greil. *Lipstick Traces: A Secret History of the Twentieth Century*. Cambridge: Harvard University Press, 1989.

Manovich, Lev. *The Language of New Media*. Cambridge: MIT Press, 2001.

Martin, Ben. "The Schema". In *Complexity: Metaphors, Models, and Reality*, ed. George Cowan e David Pines. Santa Fe: Addison Wesley Longman, 1994, p. 263-286.

Mäyrä, Frans. ed. *Computer Games and Digital Cultures Conference Proceedings*. Tampere, Finlândia: Tampere University Press, 2002.

Miller, J. Hillis. "Narrative". In *Critical Terms for Literary Study*, ed. Frank Lentricchia e Thomas McLaughlin. Chicago: The University of Chicago Press, 1990, p. 66-79.

Morganstern, Oscar e John Von Neumann. *Theory of Games and Economic Behavior*. Princeton: Princeton University Press, 1944.

Murray, Janet. *Hamlet on the Holodeck*. Nova York: The Free Press, 1997.

Norman, Donald. *The Design of Everyday Things*. Nova York: Doubleday, 1988.

Nwokah e Ikekeonwu. "Nigerian and American Children's Games". In *The Study of Play Vol. 1. Diversions and Divergences in Fields of Play*, ed. Margaret C. Duncan, Gary Chick, e Alan Aycock. Nova York: Ablex/Greenwood Publishing Company, 1998, p.147-153.

Parlett, David. *The Oxford Dictionary of Card Games*. Oxford: Oxford University Press, 1992.

Parlett, David. *The Oxford History of Board Games*. Oxford: Oxford University Press, 1999.

Pearce, Celia. *The Interactive Book: A Guide to the Interactive Revolution*. Toronto: Macmillan Technical Publishing/New Riders, 1997.

Peirce, Charles Saunders. *Charles S. Peirce: Selected Writings*, ed. P. O. Wiener. Nova York: Dover, 1958.

Peterson, Ivars. *The Jungles of Randomness: A Mathematical Safari*. Nova York: John Wiley, 1997.

Phillips, Andrea. "Deep Water". 26 jul. 2001. Cloudmakers.org. <www.cloud-makers.org>.

Piaget, Jean. *The Moral Judgment of the Child*. Nova York: Free Press, 1997.

Poole, Steven. *Trigger Happy: Videogames and the Entertainment Revolution*. Nova York: Arcade Publishing, 2000.

Poundstone, William. *Prisoner's Dilemma*. Nova York: Doubleday, 1992.

Prensky, Marc. *Digital Game-Based Learning*. Nova York: McGraw-Hill, 2001.

Reider, Norman. "Chess, Oedipus, and the Mater Dolorosa". In *The Study of Games*, ed. E.M. Avedon e Brian Sutton-Smith. Nova York: John Wiley, 1971, p. 440-464.

Resnick, Mitchell. *Turtles, Termites, and Traffic Jams*. Cambridge: MIT Press, 1997.

Robinett, Warren. *Inventing the Adventure Game*. Manuscrito inédito.

Rollings, Andrew e Dave Morris. *Game Architecture and Design*. Scottsdale, AZ: Coriolis Group, 1999.

Rouse, Richard III. *Game Design: Theory and Practice*. Plano, TX: Wordware Publishing, 2001.

Rumelhart, David E. e Andrew Ortony. "The Representation of Knowledge in Memory". In *Schooling and the Acquisition of Knowledge*, ed. R. C. Anderson, R. J. Spiro e W. E. Montague. Hillsdale, N.J.: Erlbaum, 1977, p. 99-135.

Ryan, Marie-Laure. *Narrative as Virtual Reality: Immersion and Interactivity in Literature and Electronic Media*. Baltimore: John Hopkins University Press, 2000.

Salen, Katie. "Lock, Stock, and Barrel: Sexing the Digital Siren", In *Sex Appeal: The Art of Allure in Graphic and Advertising Design*, ed. Steven Heller. Nova York: Allworth Press, 2000, p. 148-51.

Salen, Katie. "Telefragging Monster Movies". In *Game On: The History and Culture of Video Games*, ed. Lucien King. Londres: Laurence Ling Publishing Ltd., 2002, p. 98-111.

Sankey, Daragh. "A.I. Game", 2001. Joystick101.org. <www.joystick.org>.

Saussure, Ferdinand de. *Course in General Linguistics*. Londres: Peter Owen, 1960.

Schell, Jesse e Joe Schochet. "Designing Interactive Theme Park Rides: Lessons From Disney's Battle for the Buccaneer Gold". <www.gamasutra.com/fea-tures/20010706/ schell_01. htm>.

Schleiner, Anne-Marie. "Game Plug-ins and Patches as Hacker Art". *Cracking the Maze*. 16 jul. 1999. <switch.sjsu.edu/CrackingtheMaze>.

Schmittberger, R. Wayne. *New Rules for Classic Games*. Nova York: John Wiley, 1992.

Schon, Donald. *The Reflective Practitioner: How Professionals Think in Action*. Nova York: Basic Books, 1983.

Shannon, Claude e Weaver, Warren. *Mathematical Theory of Communication*.Champaign: University of Illinois Press, 1963.

Sieberg, Daniel. "Reality Blurs, Hype Builds with Web 'A.I.' Game". Maio 2001, CNN.com.

Simon, Herbert. *The Sciences of the Artificial*. Cambridge, MA: MIT Press, 1968.

Sirlin, David. Sirlin.net. <www.sirlin.net>.

Smith, Harvey. "The Future of Game Design". <www.gamasutra.com>.

Sniderman, Stephen. "Unwritten Rules". <www.gamepuzzles.com/tlog/tlog2.htm>.

Stewart, Susan. *Nonsense. Aspects of Intertextuality in Folklore and Literature*. Baltimore: The John Hopkins University Press, 1978.

Sudnow, David. *Pilgrim in the Microworld*. Nova York: Warner Books, 1983.

Suits, Bernard. *Grasshopper: Games, Life, and Utopia*. Boston: David R. Godine, 1990.

Sutton-Smith, Brian. *The Ambiguity of Play*. Boston: Harvard University Press, 2001.

Sutton-Smith, Brian. "Boundaries". In *Child's Play*, ed. Brian Sutton-Smith e R. E. Herron. Malabar, FL: Warrior Books, 1971, p. 173-92.

Sutton-Smith, Brian, Jay Mechling, Thomas W. Johnson e Felicia R. McMahon, eds. *Children's Folklore: A Source Book*. Logan, UT: Utah State University Press, 1999.

Sutton-Smith, Brian. "The Kissing Games of Adolescents of Ohio". In *The Study of Games*, ed. Elliott Avedon and Brian Sutton-Smith. Nova York: John Wiley and Sons, Inc., 1971, p. 213-16.

Sutton-Smith, Brian. *Toys as Culture*. Nova York: Gardner Press, Incorporated, 1986.

Thompson, J. Mark. "Defining the Abstract". <http://www.flash.net/~markthom/html/game_thoughts.html>.

Underwood, Mick. CCMS. <http://www.cultsock.ndirect.co.uk/MUHome/cshtml/semiomean/semio1.html>.

Von Bertalanffy, Ludwig. *General Systems Theory Foundations*. Nova York: George Braziller, 1968.

Von Neumann, John e Oscar Morganstern. *Theory of Games and Economic Behavior*. Princeton: Princeton University Press, 1944.

Vygotsky, L. S. "Play and its Role in the Mental Development of the Child". In *Play and Its Role in Evolution and Development*, ed. J. S. Bruner, A. Jolly e K. Sylva. Nova York: Penguin, 1976, p. 548-63.

Wolf, Mark J.P. "Space in the Video Game". In *The Medium of the Video Game*. Austin: University of Texas Press, 2002, p. 53-70.

Wolfe, Burton H. "The Monopolization of Monopoly: The Story of Lizzie Magie". In *The San Francisco Bay Guardian*, 1976.

LISTA DOS JOGOS CITADOS

A listagem a seguir contém todos os jogos mencionados nos quatro volumes de *Regras do Jogo*. Cada jogo é listado em ordem alfabética por título, incluindo a data de lançamento, mídia em que foi jogado, e desenvolvedor ou designer do jogo.

Uma grande parte dos jogos citados não tem um autor ou grupo de autores identificável — ou a origem exata do jogo está em disputa pelos historiadores de jogos. Nesses casos, o jogo está listado como "Tradicional" e as datas aproximadas de origem são indicadas, se conhecidas. Muitas vezes, esses jogos têm evoluções históricas ricas, como o jogo de tabuleiro Chutes and Ladders, que tem semelhanças com os jogos disputados no antigo Egito, bem como com jogos tradicionais da Índia, Nepal e Tibete. Nesses casos, optamos como data de origem a primeira ocorrência histórica de um jogo que é reconhecidamente semelhante ao jogo citado. (No caso de Chutes and Ladders, por exemplo, usamos a data de 1892: essa é a data de publicação do Snakes and Ladders de F.H. Ayre, um jogo praticamente idêntico ao Chutes and Ladders de hoje).

Em deferência ao processo normalmente colaborativo da criação de jogos, os designers individuais são listados como o criador de um jogo apenas quando um único designer ou dois designers criaram o jogo inteiro por si só ou quando um único designer é comercialmente creditado com a autoria exclusiva, como é o caso de muitos jogos de tabuleiro contemporâneos.

Muitas vezes citamos mais de uma versão de um jogo digital que foi produzido em série, tais como o Virtua Fighter e Virtual Fighter 4. Nesses casos, listamos o jogo como uma série, mas incluímos apenas a data e o criador do primeiro jogo na série. Além disso, quando as versões de um jogo importante aparecem em mais de uma mídia (como um jogo arcade que mais tarde tornou-se um jogo de console), listamos todas as formas pertinentes, com a mídia original listada primeiro.

Na organização dos jogos por mídia, optamos por categorias muito "amplas", tais como "Jogo arcade" ou "Jogo físico". Algumas das categorias se sobrepõem, mas colocamos os jogos em grupos que pareciam mais conceitualmente úteis para fins de comparação. Nossa intenção aqui não é fornecer um levantamento detalhado ou uma taxonomia desses jogos, mas dar uma indicação geral da rica variedade de jogos que mencionamos e analisamos no curso de nossas investigações. Se você quiser pesquisar mais profundamente algum desses jogos, uma lista das referências utilizadas para reunir as informações neste índice foi incluída no final.

Jogo arcade. Os jogos nesta categoria são os games digitais jogados em máquinas dedicadas que apenas executam um único jogo. Isso inclui jogos arcade típicos, como Pac-Man e Space Invaders, bem como jogos de entretenimento baseados em locações, como a atração Battle for the Buccaneer Gold da Disneyworld.

Jogo de tabuleiro. Além de jogos como xadrez e Go — jogos que são literalmente jogados em um tabuleiro — incluímos nesta categoria aqueles jogados em algum tipo de estrutura de tabuleiro, como Batalha Naval e Connect Four.

Jogo baseado em livros. A simulação de voo Ace of Aces baseada em livros não se encaixou em nenhuma outra categoria, por isso tem uma própria. Existem outros jogos baseados em livros, mas não são mencionados no livro Regras do Jogo.

Jogo de cartas. Alguns jogos nesta categoria, tais como pôquer e bridge, usam um conjunto padrão de cartas. Outros, como Magic: The Gathering, usam cartas especializadas projetadas especificamente para um jogo.

Jogo de computador. Este grupo inclui os jogos projetados para serem jogados em computadores pessoais, desde o venerável PDP-1 até as máquinas Macintosh e Windows atuais. Esses jogos são jogados principalmente em uma única máquina por um único jogador.

Jogo de console. Estes jogos são jogados nas máquinas de console de jogo que se conectam a uma televisão, variando desde o Atari 2600 até o Xbox, GameCube e Playstation 2 de hoje.

Jogo de dados. Os jogos deste grupo são jogados principal ou exclusivamente com dados. Incluem jogos de azar como Craps e jogos tradicionais como Pig e Yatzee. Além disso, incluímos o jogo de roleta nesta categoria, pois é um jogo totalmente baseado no acaso.

Jogo portátil. Esta categoria inclui os jogos disputados em um dispositivo digital portátil como um Game Boy ou Palm Pilot. Dispositivos eletrônicos portáteis que apenas jogam um jogo, tais como o P.O.X., também são agrupados aqui.

Jogo Icehouse. O Icehouse é um sistema de jogo que usa pirâmides de plástico coloridas como peças de muitos jogos diferentes. Foram tantos os jogos Icehouse que mencionamos neste livro que os incluímos em sua própria categoria.

Jogo de celular. Os jogos deste grupo são jogados principalmente usando um telefone celular, seja single-player ou multiplayer.

Jogo on-line. Este é um tipo especial de jogo digital que enfatiza a interação social baseada na Web como a principal forma de jogar. Incluídos nesta categoria estão os jogos transmídia como o Majestic que ocorrem na Internet via aparelhos de fax e telefones.

Jogo físico. Essa categoria inclui jogos como pega-pega ou jogos com bolinhas de gude em que a ação do jogo envolve principalmente o movimento físico e a interação. Esses jogos são menos regulamentados que os jogos incluídos na categoria Esporte.

Quebra-cabeças. Conforme descrito em Definindo jogos, os quebra-cabeças são jogos com uma única resposta correta ou um conjunto de respostas corretas. Os quebra-cabeças podem ter muitas formas, mas as que citamos são os jogos com um jogador que usam materiais simples como lápis e papel.

Jogo RPG. Estes jogos são experiências altamente narrativas, em que a principal forma de interação lúdica envolve os jogadores assumindo personalidades imaginárias. O clássico Dungeons & Dragons é o exemplo prototípico dessa categoria de jogo. RPGs de *live-action*, como o Vampiro: A Máscara, também são incluídos aqui.

Jogo social. Os jogos sociais são aqueles em que a ação consiste basicamente na interação social entre os participantes. Normalmente, esses jogos têm pouco ou nenhum componente material e incluem jogos de salão tão diversos como Charadas, Mafia e Gire a Garrafa.

Esporte. Os jogos nesta categoria são os jogos físicos que normalmente são jogados como um esporte organizado e regulamentado — geralmente com equipamento muito especializado em um espaço especial reservado para o jogo. Em alguns casos, os jogos listados como Esportes podem também constituir uma atividade de lazer, tal como o esqui.

Programa de televisão. Estes jogos existem como experiências televisionadas e incluem programas como Survivor, Jeopardy e Quem Quer Ser Milionário.

Jogo de blocos. Os jogos deste grupo são jogados com alguma forma de blocos modulares e incluem jogos como dominó e Mahjong.

1000 Blank White Cards
Nathan McQuillen, 1994
Jogo social

Assassin
Tradicional, 1966
RPG

20 Perguntas
Tradicional
Jogo social

Asteroids
Atari, 1979
Jogo arcade; Jogo de console

A.I.
Puppet Masters / Microsoft, 2001
Jogo on-line

Atari Football
Atari, 1978
Jogo arcade

Ace of Aces
Alfred Leonardi, 1980
Jogo baseado em livros

Bad Dudes
Data East, 1988
Jogo arcade

Advanced Dungeons & Dragons
(ver Dungeons & Dragons)

Gamão
Tradicional, cerca de 1600
Jogo de tabuleiro

Adventure
Will Crowther and Don Woods, 1975
Jogo de computador

Barbie Fashion Designer
Mattel, 1996
Jogo de computador

Adventure
Warren Robinett, 1980
Jogo de console

Beisebol
Abner Doubleday, cerca de 1839
Esporte

Age of Empires
Ensemble Studios, 1997
Jogo de computador

Basquete
James Naismith, 1891
Esporte

Alleyway
Nintendo, 1989
Jogo portátil

Battle for the Buccaneer Gold
Disney, 2001
Jogo arcade

Luta de braço
Tradicional
Jogo físico

BattleBots
Comedy Central, 1998
Esporte / Programa de televisão

Battleship
Milton Bradley, 1967
Jogo de tabuleiro

Breakout (série)
Atari, 1976
Jogo arcade; Jogo de console

Battlezone
Atari, 1980
Jogo arcade

Boxe
Tradicional
Esporte

Bejeweled
Popcap Games, 2001
Jogo on-line

Bridge
Tradicional, cerca de 1885
Jogo de cartas

Berzerk
Stern, 1980
Jogo arcade

Bridge-Builder
Alex Austin, 2000
Jogo de computador

Bilhar
Tradicional, cerca de 1500
Esporte

Xadrez bughouse
Tradicional, cerca de 1965
Jogo de tabuleiro

Black & White
Lionhead Studios, 2001
Jogo de computador; Jogo de console

Bust-A-Groove
Square Enix, 1998
Jogo de console; Jogo arcade

Blackjack
Tradicional, cerca de 1750
Jogo de cartas

Tranca (ou Canasta)
Tradicional, cerca de 1945
Jogo de cartas

Blob
New Games Movement, cerca de 1976
Jogo físico

Candyland
Milton Bradley, 1949
Jogo de tabuleiro

Botfighters
It's Alive, 2001
Jogo de celular

Can't Stop
Sid Sackson, 1980
Jogo de dados

Boliche
Tradicional, cerca de 1880
Esporte

Capturar a bandeira
Tradicional
Jogo físico

Car Wars (série)
Chad Irby and Steve Jackson, 1982
Jogo de tabuleiro

Escadas e escorregadores
F. H. Ayres, 1892
Jogo de tabuleiro

The Card Game
Tradicional
Jogo social

Civilization (série)
MicroProse, 1991
Jogo de computador; Jogo de console

Castle Wolfenstein
Muse, 1981
Jogo de computador

Command and Conquer
Westwood Studios, 1995
Jogo de computador

Pegar o rabo do dragão
New Games Movement, cerca de 1976
Jogo físico

Cool Boarders (série)
Sony, 1996
Jogo de console

Centipede
Atari, 1980
Jogo arcade

Polícia e ladrão
Tradicional
Jogo físico

Charadas
Tradicional
Jogo social

Cosmic Wimpout
CQ Incorporated, cerca de 1975
Jogo de dados

Chaturanga
Tradicional, cerca de 650
Jogo de tabuleiro

Counter-Strike
The Counter-Strike Team, 2000
Jogo de computador

Damas
Tradicional, cerca de 1500
Jogo de tabuleiro

Craps
Circa 1700
Jogo de dados

Xadrez
Tradicional, cerca de 850
Jogo de tabuleiro

Crash Bandicoot
Naughty Dog, 1996
Jogo de console

Damas chinesas
Ravensburger, 1892
Jogo de tabuleiro

Críquete
Tradicional, 1700
Esporte

Croquet
Tradicional, cerca de 1830
Esporte

Donkey Kong
Nintendo, 1981
Jogo arcade

Dactyl Nightmare
Virtuality, 1993
Jogo arcade

Don't Wake Daddy
Parker Brothers, 1992
Jogo de tabuleiro

Dance Dance Revolution
Konami, 1998
Jogo arcade; Jogo de console

DOOM
id Software, 1993
Jogo de computador

Defender
Williams, 1980
Jogo arcade

Dope Wars (originalmente Drug Wars)
John Dell
Jogo de computador; Jogo portátil

Deus Ex
Ion Storm, 2000
Jogo de computador; Jogo de console

Double Dragon
Taito, 1986
Jogo arcade

Diablo (série)

Blizzard Entertainment, 1996

Jogo de computador

Jogo do beijo

Tradicional, cerca de 1959

Jogo social

Dig-Dug

Namco, 1982

Jogo arcade

Driver: You are the Wheelman

Reflections, 1999

Jogo de console

Diplomacy

Allan Calhammer, 1959

Jogo de tabuleiro

Drome Racing Challenge

gameLab, 2002

Jogo on-line

Dodge Ball

Tradicional

Jogo físico

Duke Nuke Em 3D (série)

3D Realms, 1996

Jogo de computador; Jogo de console

Dominó

Tradicional, cerca de 1850

Jogo de blocos

Dungeon Siege

Gas Powered Games, 2002

Jogo de computador

Dungeons & Dragons (série)

Dave Arneson & Gary Gygax, 1973

RPG

Flashlight

Tradicional, cerca de 1959

Jogo social

Earthball

New Games Movement, cerca de 1976

Jogo físico

FLUID

gameLab, 2002

Jogo de computador

Easy Money

Milton Bradley, cerca de 1955

Jogo de tabuleiro

Flux

Andrew Looney, 1997

Jogo de cartas

Elemental

Team Elemental, unpublished

Jogo de computador

Futebol americano

Walter Camp, 1879

Esporte

Enchanted Forest

Michel Matsechoss and Alex Randolph, 1992

Jogo de tabuleiro

Foursquare

Tradicional

Esporte

Endurance Kissing

Tradicional, cerca de 1959

Jogo social

The Game of Life

John Conway, 1970

Quebra-cabeças; Jogo de computador

Euchre

Tradicional, cerca de 1860

Jogo de cartas

Gauntlet (série)
Atari, 1985
Jogo arcade; Jogo de console

EverQuest
Verant Interactive, 1999
Jogo on-line

Gearheads
R/GA Interactive, 1996
Jogo de computador

Esgrima
Tradicional, cerca de 1670
Esporte

Gin
Tradicional, cerca de 1920
Jogo de cartas

Final Fantasy (série)
Square Enix, 1990
Jogo de console

Go
Tradicional, cerca de 2000 BCE
Jogo de tabuleiro

Go Fish
Tradicional, cerca de 1585
Jogo de cartas

Esconde-esconde
Tradicional
Jogo físico

Golfe
Tradicional, cerca de 1450
Esporte

Hollywood Squares
NBC, 1965
Programa de televisão

Gnostica
John Cooper, 2001
Jogo Icehouse

House of the Dead
Sega, 1997
Jogo arcade; Jogo de console

Gran Turismo (série)
Ployphony Digital, 1998
Jogo de console

Ice Hockey
Tradicional, cerca de 1850
Esporte

Grand Theft Auto III (série)
Rockstar North, 2001
Jogo de console

Icehouse
Andrew Looney and John Cooper, 1991
Jogo Icehouse

GURPS: Generic Universal Role-Playing System
Steve Jackson, cerca de 1986
Sistema de jogo RPG

Illuminati
Steve Jackson, 1982
Jogo de tabuleiro

Ginástica
Tradicional, 1896
Esporte

Jak & Daxter
Naughty Dog, 2001
Jogo de console

Half-Life
Valve Software, 1998
Jogo de computador; Jogo de console

James Bond 007 In Agent Under Fire
Electronic Arts, 2001
Jogo de console

Copas
Tradicional, cerca de 1880
Jogo de cartas

Jeopardy
NBC, 1964
Programa de televisão

Hex
Piet Hein, 1942
Jogo de tabuleiro

Jet Grind Radio
Smilebit, 2000
Jogo de console

Joust
Williams, 1982
Jogo arcade

Mad Magazine Game
Parker Brothers, 1979
Jogo de tabuleiro

Junkbot (série)
gameLab, 2001
Jogo de computador

Mafia
Tradicional
Jogo social

Kick the Can
Tradicional
Jogo físico

Magic: The Gathering
Richard Garfield, 1993
Jogo de cartas

Killer
(*ver* **Assassin**)

Mah Jongg
Tradicional, cerca de 1880
Jogo de blocos

Kriegspiel
Lt. von Reisswitz, 1824
Jogo de tabuleiro

Majestic
Electronic Arts, 2001
Jogo on-line

The L Game
Edward DeBono, cerca de 1974
Jogo de tabuleiro

Mancala
Tradicional, cerca de 3000 BCE
Jogo de tabuleiro

The Landlord's Game
Lizzie Magie, 1904
Jogo de tabuleiro

Marathon (série)
Bungie Software, 1994
Jogo de computador

Little Max
Tradicional
Jogo de dados

Bolinhas de gude
Tradicional, cerca de 100 BCE
Jogo físico

LOOP
gameLab, 2002
Jogo de computador

Mario Bros. (série)
Nintendo, 1983
Jogo arcade; Jogo de console; Jogo portátil

Lord of the Rings, jogo de tabuleiro
Reiner Knizia, 2000
Jogo de tabuleiro

Martian Backgammon
Andrew Looney, 1997
Jogo Icehouse

Mastermind
Invicta, 1972
Jogo de tabuleiro

Mamãe, eu posso?
Tradicional
Jogo físico

Max Payne
3D Realms, 2001
Jogo de computador; Jogo de console

Mousetrap
Ideal, 1963
Jogo de tabuleiro

Mega Man (série)
Capcom, 1987
Jogo de console; Jogo portátil

Ms. Pac-Man
Namco, 1982
Jogo arcade; Jogo de console

Memória
Tradicional
Jogo de cartas

Dança das cadeiras
Tradicional
Jogo físico

Metal Gear Solid (série)
KCEJ, 1998
Jogo de console

Myst
Cyan, 1993
Jogo de computador

Metroid (série)
Nintendo, 1985
Jogo de console

Myth: The Fallen Lords
Bungie Software, 1997
Jogo de computador

Milles Bournes
Parker Brothers, 1954
Jogo de cartas

NBA Courtside (série)
Left Field Productions, 1998
Jogo de console

Missile Command
Atari, 1980
Jogo arcade; Jogo de console

NBA Live (série)
Electronic Arts, 1995
Jogo de console; Jogo de computador

Monopoly (ou Banco Imobiliário)
Charles B. Darrow, 1933
Jogo de tabuleiro

NeoPets
NeoPets Inc, 1999
Jogo on-line

Mortal Kombat (série)
Midway, 1992
Jogo arcade; Jogo de console

NetRunner
Wizards of the Coast, 1995
Jogo de cartas

Neverwinter Nights
Bioware, 2002
Jogo de computador; Jogo on-line

Pega-varetas
Tradicional
Jogo físico

Night Driver
Atari, 1976
Jogo arcade

Pictionary
Rob Angel, 1986
Jogo de tabuleiro

Oddworld (série)
Oddworld Inhabitants, 1997
Jogo de console; Jogo de computador

Pig
Tradicional
Jogo de Dados

Decatlo olímpico
Tradicional, 1896
Esporte

Pilotwings
Nintendo, 1990
Jogo de console

Once Upon a Time
Richard Lambert, Andrew Rilstone e James
Wallis, 1993
Jogo de cartas

pingue-pongue
(*ver Tênis de mesa*)

Othello
Lewis Waterman, 1888
Jogo de tabuleiro

Pinochle
Tradicional, cerca de 1900
Jogo de cartas

P.O.X.
Hasbro, 2001
Jogo portátil

Planetfall
Steve Meretsky / Infocom, 1983
Jogo de computador

Pac-Man
Namco, 1980
Jogo arcade; Jogo de console

Pokémon
Nintendo, 1998
Jogo de mão; Jogo de console; Jogo de cartas

Parappa the Rapper
Interlink, 1997
Jogo de console

Pôquer
Tradicional, cerca de 1820
Jogo de cartas

Pass the Orange
Tradicional, cerca de 1959
Jogo social

Pong
Atari, 1972
Jogo arcade; Jogo de console; Jogo de
computador

Populous: The Beginning
Take-Two Interactive, 1998
Jogo de computador

Scrabble
Alfred M. Butts, 1948
Jogo de tabuleiro

Powerstone (série)
Capcom, 1999
Jogo de console

Seaman
Vivarium, 2000
Jogo de console

Quake (série)
id Software, 1996
Jogo de computador; Jogo on-line; Jogo de
console

Secret of Monkey Island (série)
LucasArts, 1990
Jogo de computador

Raquetebol
Joe Sobek, 1949
Esporte

Settlers of Catan
Klaus Teuber, 1995
Jogo de tabuleiro

RAMbots
Kory Heath, 2001
Jogo Icehouse

Shenmue (série)
Sega, 2000
Jogo de console

Risk
Albert Lamorisse, 1959
Jogo de tabuleiro

Silent Hill (série)
Konami, 1999
Jogo de console

Robotron 2084
Williams, 1982
Jogo arcade

Sim City (série)
Maxis, 1989
Jogo de computador

Rock-Paper-Scissors
Tradicional
Jogo físico

Sim Copter
Maxis, 1996
Jogo de computador

Roleta
Tradicional, cerca de 1900
Jogo de dados

SimLife
Maxis, 1992
Jogo de computador

Rúgbi
Tradicional, cerca de 1800
Esporte

Simon Says
Tradicional
Jogo social

The Sims (série)
Maxis, 2000
Jogo de computador; Jogo de console

Spybot: The Nightfall Incident
gameLab, 2002
Jogo de computador

SiSSYFiGHT 2000
Word.com, 2000
Jogo on-line

SSX (série)
Electronic Arts, 2000
Jogo de console

Esqui
Tradicional, cerca de 1880
Esporte

Stand Up
New Games Movement, cerca de 1976
Jogo físico

Futebol
Tradicional, cerca de 1850
Esporte

Starcraft
Blizzard Entertainment, 1998
Jogo de computador

Softbol
Tradicional, cerca de 1930
Esporte

State of Emergency
VIS Entertainment, 2002
Jogo de console

Paciência (muitas variações)
Tradicional, cerca de 1600
Jogo de cartas

Stay Alive
Milton Bradley, 1971
Jogo de tabuleiro

Space Invaders
Taito 1978
Jogos arcade

Stealth Chess
Dice Corp, 1997
Jogo de tabuleiro

Spacewar!
Steve Russell, 1962
Jogo de computador

Stratego
Milton Bradley, 1961
Jogo de tabuleiro

Jogo da garrafa
Tradicional
Jogo social

Street Fighter (série)
Capcom, 1987
Jogo arcade; Jogo de console

Spy Vs. Spy (série)
Kemko, 1986
Jogo de computador; Jogo de console

Sumô
Tradicional, cerca de 712
Esporte

Super Breakout
(*ver* **Breakout**)

Tempest
Atari, 1981
Jogo arcade

Super Mario (*ver*** Mario Bros.)**
Amusement Vision, 2001
GameCube

Tênis
Walter Wingfield, 1873
Esporte

Survivor
CBS, 2000
Programa de televisão

Tetris
Alexy Pajnitov, cerca de 1986
Jogo de computador; Jogo portátil; Jogo de console

Suspicion
Eric Zimmerman, 1995
Jogo de cartas

Thief (série)
Looking Glass Studios, 1998
Jogo de computador

System Shock (série)
Looking Glass Studios, 1994
Jogo de computador; Jogo de console

Thin Ice
Jacob Davenport, cerca de 2001
Jogo Icehouse

Tênis de mesa
J. Jaques & Son, cerca de 1890
Esporte

Thunderstorm
Tradicional
Jogo de dados

Pega-pega
Tradicional
Jogo físico

jogo da pulga
Joseph Assheton Fincher, 1888
Jogo físico

Tanktics
Chris Crawford, 1978
Jogo de computador

Time Crisis
Namco, 1996
Jogo arcade; Jogo de console

Tekken
Namco, 1995
Jogo arcade; Jogo de console

Tomb Raider (série)
Core Design, 1996
Jogo de console; Jogo de computador

Telefone
Tradicional
Jogo social

Tony Hawk Pro Skater (série)
Neversoft Entertainment, 1999
Jogo de console

Total Annihilation
Cavedog Entertainment, 1997
Jogo de computador

Vampiro
New Games Movement, cerca de 1976
Jogo físico

Toys
Eric Zimmerman, 2000
Jogo social

Vampiro: A Máscara
White Wolf, 1992
RPG

Trivial Pursuit
Chris Haney and Scott Abbot, 1981
Jogo de tabuleiro

Tênis verbal
Tradicional
Jogo social

Twister
Charles Foley and Neil Rabens, 1966
Jogo físico

Virtua Fighter (série)
Sega, 1993
Jogo arcade; Jogo de console

Ultima (série)
Richard Garriot / Origin, 1980
Jogo de computador; Jogo on-line

Volcano
Kristin Looney, 2002
Jogo Icehouse

Um Jammer Lammy
Sony, 1999
Jogo de console

Voleibol
William G. Morgan, 1895
Esporte

Universal Square
Uri Tzaig, 1996
Esporte

War
Tradicional
Jogo de cartas

Uno
Merle Robbins, 1971
Jogo de cartas

Warcraft: Orcs and Humans (série)
Blizzard Entertainment, 1994
Jogo de computador

Unreal (série)
Epic Megagames, 1998
Jogo de computador; Jogo de console

Warhammer (série)
Games Workshop, 1983
Jogo de tabuleiro

Up the River
Manfred Ludwig, 1988
Jogo de tabuleiro

Who Wants to be a Millionaire
Celador, 1998
Programa de televisão

Wipeout (série)
Psygnosis, 1996
Jogo de console

Wreckless: The Yakuzi Missions
Bunkasha Games, 2002
Jogo de console

Wolfenstein 3D
id Software, 1992
Jogo de computador

Yatzee
Milton Bradley, 1956
Jogo de dados

You Don't Know Jack (série)
Jellyvision, 1995
Jogo de computador; Jogo on-line

Zarcana
John Cooper, 2001
Jogo Icehouse

Zaxxon
Sega, 1982
Jogo arcade

Zelda (série)
Nintendo, 1987
Jogo de console; Jogo portátil

Zendo
Kory Heath, 2001
Jogo Icehouse

Zork (série)
Marc Blank & Dave Lebling / Infocom, 1980
Jogo de computador

Referências de Pesquisa

http://www.about.com.

http://www.atariage.com.

http://boardgamegeek.com.

http://chessvariants.com.

http://www.classicgaming.com .

http://www.coinop.com.

http://www.classicgaming.com.

http://encarta.msn.com.

http://www.gamecabinet.com.

http://www.gamers.com.

http://www.gamefaq.com.

http://www.gamespot.com.

Kent, Stephen L. The Ultimate History of Video Games (Roseville, CA: Prima Publishing, 2001).

http://www.looneylabs.com.

http://www.mobygames.com.

Parlett, David. The *Oxford Dictionary of Card Games* (New York: Oxford University Press, 1992).

Parlett, David. *The Oxford History of Board Games* (New York: Oxford University Press, 1999).

Scarpone, Desi. *Board Games* (Atglen, PA: Schiffer Publishing, 1995).

ÍNDICE

A

Abt, Clark C., 21, 90
ação. *Ver também* comportamento estilizado; movimentos físicos
  e interatividade, 75, 78
Alexander, Christopher, 22
Ambasz, Emilio, 56
ambiente. *Ver* ambiente cultural
ambiente cultural
  exercícios, 35
  foco do design, 35
Análise cibernética (exercício), 35
Análise da interação social (exercício), 35
Análise da narrativa (exercício), 34
Análise do ambiente cultural (exercício), 35
Apter, Michael, 110
A retórica da loteria (exercício), 34
arte, 94
artificialidade. *Ver também* simulação
  na definição de jogo, 91, 93, 96
  quadro protetor, 110
Assassin, 59
Asteroids
  escolhas, 81
  interatividade, 78
atitude lúdica
  conceito básico, 92, 113
atividade livre, 91
atividade lúdica. *Ver também* interação lúdica
atividade voluntária, 92
automação, 104
Avedon, E. M., 26, 44, 94

B

Bak, Per, 70
baralhos de cartas. *Ver também* cartas, baralho
basquete
  interação lúdica significativa, 49
Berlo, David, 61
boxe , 113
Brand, Stewart, 36
Breakout. *Ver também* Super Breakout
  como obsessão, 83
Buchanan, Richard, 62

C

Caillois, Roger, 91, 98
Cameron, Andy, 74
Can't Stop, 128
  pegar lucro ou continuar, 128
Caribbean Star
  descrições, 29
certeza. *Ver também* incerteza
Chandler, David, 58, 60
Church, Doug, 25, 78, 83
círculo mágico, 110
colaboração. *Ver* cooperação
complexidade
  automação, 104, 106
  em design, 21
computadores
  em jogos digitais, 102
  em sala de aula, 30
comunicação. *Ver também* teoria da informação; transmissão de sinais
comunicação em rede, 105, 106. *Ver também* rede de comunicação de mensageiros
comunidade. *Ver também* interação social
concorrência. *Ver também* conflito
  na definição do jogo, 90
conflito. *Ver também* concorrência
conflito(s)
  e definição do jogo, 91, 95
conhecimento. *Ver também* informação
contexto. *Ver também* cultura
  cultural, 102, 110, 120
  de jogos, 57
  e enquadramento do sistema, 68
  e interpretação, 58, 60
cooperação
  e definição do jogo, 96
Cosmic Wimpout, 128
Costikyan, Greg, 26, 94, 97
Cowan, George A., 70
craps, 76
Crawford, Chris, 25, 75, 83, 93
crianças. *Ver também* Counting Out
Croft, Lara. *Ver* Tomb Raider
cultura
  como sistema aberto, 113, 121
  de fãs, 76

descrição de esquema, 23, 120
e enquadramento do sistema, 67, 68
interatividade além do objeto, 76
cultura aberta
exercícios, 32
cursor, 77

D

dança das cadeiras, 82
decisões
e definição do jogo, 90
definições
de design, 56
de jogo, 21, 89
DeKoven, Bernard, 36, 112
Della Roca, Jason, 25
descritores. *Ver também* descritores
narrativos
desestabilização, 33
Desestabilização (exercício), 33
design. *Ver também* design de jogos
complexidade, 21
definições, 56, 60
de interatividade, 76
iteração, 27, 30, 32
prototipagem, 28
significado, 57
design de jogos, 80. *Ver*
também interatividade
cibernética. *Ver também* sistemas
cibernéticos
círculo mágico, 110. *Ver*
também círculo mágico
como disciplina, 19
complexidade. *Ver*
também complexidade
conflito. *Ver também* conflito
currículo, 25
e ambiente cultural. *Ver*
também ambiente cultural
e escolha, 77. *Ver também* escolha
emergência. *Ver*
também emergência
engajamento. *Ver*
também engajamento
e significado, 57
espaço de possibilidades, 50, 85
esquemas, 23
e teoria da informação. *Ver*
também teoria da informação
foco do jogador, 57

fundamentos, 24
interação lúdica significativa, 49
iteração, 27, 30, 32
jogo significativo. *Ver também* jogo
significativo
nossa definição, 95
prototipagem, 28
seleção de parâmetros, 32
designers de jogos
cultura em geral como, 57
e jogo experimental, 81
foco dos, 20, 49
Dilnot, Clive, 56
discernibilidade
na interação lúdica significativa,
51, 53
discurso crítico, 20
Dungeons & Dragons
e definição do jogo, 97
Dunnigan, James, 104

E

eficiência
regras, 92
em cara ou coroa. *Ver*
também escolha; reforço
engano. *Ver também* trapaça
Engendrando metajogo (exercício),
32
enquadramento
para sistemas, 68, 71
ergonomia, 132
escadas e escorregadores
círculo mágico, 112
escolha. *Ver também* reforço
análise de, 77
estados de falha, 80
micro versus macro, 85
pegar lucro ou continuar, 128
esconde-esconde, 112
Eskelinen, Markku, 25
espaço
limites, 110
local, 120
exercícios, 32
espaço de possibilidades
conceito, 85
estrutura
e interpretação, 60
e semiótica, 61
eventos. *Ver* emergência inesperada

externos, 85
internos, 85
eventos inesperados.
Ver emergência
EverQuest
e definição do jogo, 97
interação lúdica significativa, 49
exercícios, 31
experiência. *Ver também* interação
lúdica; interação social;
prazer
e enquadramento do sistema, 67, 68
e entrando no jogo, 110
e Tetris, 103
jogos como (exercícios), 32, 33

F

fãs, 76
Fatsis, Stefan, 59
faz-de-conta, 92
Findeli, Alain, 62
Fluegelman, Andrew, 36
futebol
e sistemas, 66
futebol americano, 78. *Ver*
também futebol

G

game versus play, 88
ganhar
e definição do jogo, 88
ganho, 91
ganho material, 91
Garfield, Richard. *Ver*
também Rivalidade entre
Irmãos
Go
interatividade, 77
regras do Go, 120
golfe, 113
Gonzo, 128
grades
elementos de definição do jogo, 94
Gross-Out, 50
Gygax, Gary, 97

H

Hawk, Tony. *Ver* Tony Hawk Pro
Skater 3
Heskett, John, 56

histórias, jogos como. *Ver também* narrativa(s)

Homo Ludens, 48, 52, 91, 114

Huizinga, Johann, 49, 91, 111, 114

Hunicke, Robin, 25

I

incerteza. *Ver também* chance; probabilidade
- como característica da interação lúdica, 92
- como característica do jogo, 92

(in)eficiência
- atitude lúdica, 114

informações
- e escolha, 80
- e jogos digitais, 104, 106

integração
- e interação lúdica significativa, 53

interação
- e interatividade, 75

interação lúdica. *Ver também* experiência; interação lúdica narrativa; interação transformadora; jogabilidade; jogo significativo; prazer
- definição de Huizinga, 91
- descrição de esquema, 23, 120
- longa distância, 105
- sensação de, 32
- versus jogo, 88, 90, 99

interação lúdica livre, 91

interação lúdica significativa
- e escolha, 77

interação social. *Ver também* comunidade
- exercícios, 32, 35

interatividade
- além do objeto, 76
- cognitiva, 75
- conceitos-chave, 82
- definições, 74, 85
- design de, 77
- e cursor, 77
- e eventos externos, 85
- escolha, 77
- e tecnologia digital, 102
- funcional, 75
- modos de, 75, 85

na definição de jogo, 93
perspectiva do jogador, 52
unidade básica, 85

interatividade explícita, 75

interatividade funcional, 76

International Game Developers Association
- currículo, 25

interpretação, 60

intervenção direta, 74

Ironclad
- breve descrição, 29

iteração, 27, 30, 32

J

Jenkins, Henry, 20

jogabilidade. *Ver também* interação lúdica; jogo significativo
- longa distância, 105

jogadores. *Ver também* fãs
- atitudes, 92
- atitudes de. *Ver também* atitude lúdica
- como comunidade. *Ver também* comunidade; interação social
- de longa distância, 105
- número de
  - no Rivalidade entre Irmãos, 132
- ponto de vista, 50

jogo da velha
- semiótica, 59

jogo(s). *Ver também* estratégia de tempo real (real-time strategy, RTS), jogos; jogos arcade; jogos de corrida; jogos de guerra; jogos de luta; jogos de tabuleiro; jogos digitais; jogos single-player
- abertos, 99. jogador como produtor
- como cultura. ambiente cultural
- como sistemas de processamento de sinais. sistemas
- definições, 88
- formal versus informal, 89
- não adversarial, 90
- teorias sobre, 21
- versus interação lúdica, 88, 90, 99
- versus quebra-cabeças, 96, 99

jogos arcade. *Ver também* jogos específicos

jogos como interação narrativa, 35

jogos como interação social (exercício), 35

jogos de beijar. *Ver também* jogo da garrafa

jogos de cartas. *Ver também* Caribbean Star; Ironclad; jogos específicos; Suspicion

jogos de corrida. *Ver também* jogos específicos

jogos de longa distância, 105

jogos de luta. *Ver também* jogos específicos

jogos de tabuleiro. *Ver também* Jogo de tabuleiro Lord of the Rings; jogos específicos; Rivalidade entre Irmãos
- com características digitais, 106
- e escolha, 80
- ergonomia, 132

jogos de um jogador
- paciência, 96

jogos digitais
- comunicação em rede, 105
- e definição do jogo, 102
- efeito do meio, 107
- espaço. jogos específicos
  - como sistemas, 102, 107
  - Stay Alive, 106
- interatividade, 103
- manipulação das informações, 104
- quadro protetor, 111
- regras
  - complexidade automatizada, 104
  - em Tetris, 102

jogos para arriscar sua sorte, 132

Jonas, Wolfgang, 65

Juul, Jesper, 21, 80, 84

K

Kim, Scott, 96

Krippendorff, Klaus, 62

L

Lantz, Frank, 26. *Ver também* Ironclad

Laurel, Brenda, 74, 78, 83

letras
  e semiótica, 58
liberdade, 91. *Ver também* escolha;
    jogador como produtor
limitações
  limites, 114
limites, 110
linha de corrupção, 39
Littlejohn, Stephen W., 66, 74, 112
local
  exercícios, 32
Lord of the Rings, jogo de
    tabuleiro
  design de, 38
  iteração, 41
  teste, 40
Lupton, Ellen, 62

M

Manipulação das informações
    (exercício), 31
Martin, Ben, 118
meios físicos, 107
Meltzer, David, 70
memória, jogo da, 104
metajogos
  exercícios, 32
Miller, J. Abbott, 62
Missile Command, 114
Monopoly
  atitude lúdica, 113
motivação
  e regras, 120
mudança. *Ver também* ajuste
    de dificuldade dinâmico
    (DDA); sistemas
    cibernéticos
Mude as regras (exercício), 33
mulheres. *Ver* gênero
mundos
  temporários, 112
mundos fictícios. *Ver*
    também simulação
Murray, Janet, 104

N

narrativa(s)
  conflito. *Ver também* conflito
Nelson, George, 56
Norman, Donald, 55, 83

Novas representações (exercício),
    34

O

objetivos
  Sim City, 88
ocultação. *Ver também* engano
O jogo do cadáver esquisito
    (exercício), 31

P

Pachinko, 105
paciência, 96
Pac-Man. *Ver também* Ms. Pac-
    Man
palavras cruzadas, 96
Parlett, David, 87, 88, 89
participação interpretativa, 75
participação utilitária, 75
passeios de parques temáticos, 83
pedra-papel-tesoura, 60
pega-pega
  e design, 57
  e semiótica, 60
Peirce, Charles S., 58
Pine, David, 70
play versus game, 88
pontuação
  no Rivalidade entre Irmãos, 125
pôquer
  interatividade, 76
possibilidade. *Ver* aleatoriedade;
    espaço de possibilidades
prazer
  exercícios, 34
processo de desenvolvimento de
    jogos
  Lord of the Rings, jogo de tabuleiro,
    41, 42
  Rivalidade Entre Irmãos, 132
protótipos, 28
  de Rivalidade entre Irmãos, 129
  do jogo de tabuleiro Lord of the
    Rings, 40

Q

quadro (contexto de um jogo)
  entrada em, 110
quadro protetor, 110
Quake

elementos digitais, 105
quebra-cabeças, 96, 99
  palavras cruzadas, 96

R

rede de comunicação, 105
regras
  como sistema fechado, 112
  de jogos digitais. *Ver também* jogos
    digitais
  descrição de esquema, 23, 118
  e definição do jogo, 88
  exercícios, 33
  implícitas. *Ver também* regras
    implícitas
regras em três níveis
  exercícios, 31, 33
representação
  e interatividade, 74
  em jogos
    definição, 93
representação procedural. *Ver*
    também simulação
resistência cultural. *Ver também* A
    retórica da loteria;
    resistência específica ao
    local
  exercícios, 32
Resistência específica ao local
    (exercício), 32
respostas motoras. *Ver*
    também movimentos físicos
restrições. *Ver* limitações
resultado(s)
  e definição do jogo, 95
  em quebra-cabeças, 95
  em RPG, 97, 99
  e regras, 120
  quantificação, 95
Rivalidade entre Irmãos
  descrições, 29
Rivalidade Entre Irmãos
  descrições, 124
  desenvolvimento, 132
rivalidades. *Ver*
    também concorrência
robôs. *Ver* Ironclad
roteiro do sistema do jogo, 39
Rouse, Richard, III, 52

RPG, jogos, 58, 97. *Ver também* jogos específicos; LARPs
Ryan, Marie-Laure, 25

S

Schell, Jesse, 83
Schmittberger, R. Wayne, 36
Schon, Donald, 56
Scrabble
  semiótica, 59
Seasons of Darkness
  simulação como. *Ver também* simulação
segurança
  estrutura de proteção, 110
  na definição de jogo, 93
semiótica, 57, 58
Sensações do jogo (exercício), 32
senso esportivo. *Ver* espírito esportivo
Shochet, Joe, 83
Sideman, Karen, 107
significado(s), 57
signos, 58
Sim City
  complexidade automatizada, 105
  objetivos, 99
Simon, Herbert, 56
simulação
  exercícios, 34
Síndrome da Caixa Preta, 105
SiSSYFiGHT 2000
  protótipo, 28
sistemas. *Ver também* sistemas cibernéticos; sistemas de jogo
  aberto versus fechado, 69, 112, 115, 121
  definições, 66, 71
  elementos de, 66, 71
  emergentes. *Ver também* emergência

enquadramento, 68, 71
história, 69
intervalo de complexidade. *Ver também* complexidade
jogos como, 66, 88, 95, 102
  e círculo mágico, 113, 115
sistemas cibernéticos
  breve descrição, 35
  exercícios, 33, 35
sistemas de jogo, 32. *Ver também* sistemas
  roteiro, 39
Sistemas de jogos com código-fonte aberto (exercício), 32
sites Web
  Gamasutra, 25
  sobre design de jogos, 25
Sneak
  descrições, 29
Sniderman, Stephen, 110
Snyder, Kira. *Ver também* Sneak
sorte, 128. *Ver também* chance; incerteza
Spacewar!, 78
Spector, Warren, 20, 25, 73
Stay Alive, 106
Street Fighter II, 103
Sudnow, David, 27, 82, 83
Suits, Bernard, 92, 113, 114
surpresa. *Ver também* emergência
Sutton-Smith, Brian, 19, 94, 109, 110, 117

T

Tembeck, Shoshana, 36
tempo
  e regras, 120
teoria da informação. *Ver também* incerteza
teste
  Lord of the Rings, jogo de tabuleiro, 40
Tetris

e contexto cultural, 102
jogo experimental, 102
quadro protetor, 111
regras formais, 102
Thief, 105
tipografia (sinais/signos tipográficos), 58
Tosca, Susana, 25
Transportando o mecanismo central (exercício), 34

U

Ultima, 97
Uma mudança na escala (exercício), 33
Underwood, Mick, 62
UNO, 102
Unreal, 105

V

vício. *Ver também* Breakout
vinte e um
  e interatividade, 77
vocabulário
  de jogos, 20, 83

W

Warcraft III
  manipulação das informações, 104

X

xadrez
  como um sistema, 67, 69
  escolhas, 81
  interação lúdica significativa, 51
  semiótica, 58

Z

Zimmerman, Eric, 25
Zork, 61, 105

Pai: ... *A questão é que o objetivo dessas conversas é descobrir as "regras". É como a vida — um jogo cujo propósito é descobrir as regras, que estão sempre mudando e são impossíveis de descobrir.*

Filha: Mas eu não chamo isso de jogo, papai.

— **Gregory Bateson,** *Steps to an Ecology of Mind*